社会保障入門

何が変わったか
これからどうなるか

竹本善

講談社現代新書

はじめに

この本は、わが国の社会保障のアウトラインを、一般の人に、とくに社会の一線で働く人に、わかりやすく理解してもらう目的で書いたものです。

特徴は、

①複雑でわかりにくい、といわれる社会保障の制度全般について、わかりやすい説明を心がけたこと、

②制度の基本的仕組みにとどまらず、必要な範囲で、過去の沿革や今後の課題について、ふれたこと、

の二点です。

社会保障は個人の生活に深いかかわりをもっています。すべての人が保険料を支払い、年金や医療、福祉サービスを受けています。それにもかかわらず、制度を支えている現役で働いている人たちの社会保障に関する知識は驚くほど少ないのが現状です。知識が少ないまま、年金崩壊論などという誤った議論に脅え、不安を高めています。

わが国の社会保障は、間違いなく曲がり角にあります。あるいは、安心を与えるはずの社会保障制度が不安にさらされています。この本では、わが国の社会保障が相当な水準に

達しており、国民に安心を保障する持続可能な制度として、再構築すべき段階にきている、ということを基本認識にしています。高齢化に伴う増大する負担を分かち合うための合意を模索すべきことを提唱しています。

そのためには、国民全体が現在の社会保障の制度に関して正確な知識をもち、将来の課題についても理解を深めることが重要です。

筆者は、ここ十数年来、国会内で政策スタッフとして働き、社会保障関連の政策立案や政策決定に関与あるいは観察を心がけてきました。その中で確信したことは、制度は与えられるものではなく、つくりあげるものだということです。民主制国家の下の諸制度は、国民の意思と力でつくりあげ、つくり変えることができるのです。社会保障の制度も例外ではありません。

わが国の社会保障の行く手には、高い山が聳《そび》えているように見えます。が、決して越えられない山ではありません。私たちの知恵と努力で、乗り越えることが可能です。

この本が、社会保障への関心と知識を高める、その一助となれば幸いです。

目次

2章――医療保障の現状と課題……31

4章——雇用保険と労災保険

※本文中に所載した図表のうち、出典明示のないものは厚生省、労働省（二〇〇〇年十二月まで）、厚生労働省資料から引用したものです。

1章……社会保障の現在……

1――社会保障とは何か

増大するリスク

私たちの生活は、さまざまな危険に満ちています。一生、病気もケガもせず、失業もせず、幸運な人生を送る人もいるでしょう。が、ほとんどの人は予測できないリスクに遭遇してしまいます。そんなとき、援助の手をさしのべるのが、社会保障の種々の制度です。

社会保障は、現代では、ほとんどの先進国で確立されています。それぞれの国の歴史や国情を反映して制度の種類や水準には相当な違いがあります。今日の社会保障の源流には、大きな二つの流れがあるといわれています。

一つは、救貧法から公的扶助の流れです。イギリスではエリザベス一世時代の一六〇一年に、それ以前の救貧のための法律を集大成してエリザベス救貧法がつくられました。教会の教区を単位とする地域共同体に、生活困窮者の扶助を義務づけたのです。その後、世界各国で類似の制度が整備されてきました。現在わが国では、最後の生活保障として、生活保護制度(公的扶助)があります。

第二は、共済制度から社会保険の流れです。十九世紀前半から産業の発展につれて、従業員組合や労働組合が発達してきました。当初は、これらの仲間内で共済制度をつくり、相互に助け合っていました。その後、確率論などを応用した保険理論の精緻化が進むとともに、民間保険(技術)も発達してきました。この保険理論や技術を活用して、国が直接保険を運営する方法が生まれました。十九世紀末のドイツで、初めての社会保険が誕生しました。

今日では、公的扶助と社会保険を合わせて、社会保障というようになりました。社会保障は、税や社会保険を活用して、年金などの現金の給付、医療や福祉のサービスを行っています。サービスを提供する財源は税や社会保険料でまかなわれています。高齢社会を迎え、自立した生活を送るうえでのリスクはますます増大しています。たとえば、介護が必要となる事態です。私たちは、社会保障の仕組みとそれが今抱えている課題について十分理解する必要があります。

社会保障の種類と範囲

社会保障は、社会保険、社会手当、生活保護、公衆衛生、社会福祉で構成されています。関連制度として、雇用保障、教育、住宅やまちづくりなどがあげられます。わが国の社会保障制度を形づくるうえでもっとも影響力のあったのは、社会保障制度審議会の「社会保障制度に関する勧告」(一九五〇年)です。そこでは、社会保障を次のように定義しています。

「社会保障制度とは、疾病、負傷、分べん、廃疾、死亡、老齢、失業、多子その他困窮の原因に対し、保険的手法又は直接公の負担において経済保障の途を講じ、生活困窮に陥った者に対しては、国家扶助によって最低限度の生活を保障するとともに、公衆衛生及び社会福祉の向上を図り、もってすべての国民が文化的社会の成員に足る生活を営むことができるようにすることをいうのである」

イギリスの社会保障の基礎をつくったベヴァリッジ報告(一九四二年)では、社会保障は「収入の減少」と「支出の増加」という生活上の危機に対応するものと考えられました。収入が減少する要因として、失業、老齢をあげ、「支出の増加」を伴うものとして病気、多子をあげています。

今日では社会保障の中心は、社会保険になっています。保険はあらかじめリスクに備えて保険料を払い、リスクが生じたときに、支払いを行います。失業や老齢、病気のリスクに備える社会保険が整備されています。社会保険は貧困に陥ることを防ぐ手段といえます。

一方、さまざまな事情から貧困に陥った人の生活を保障し自立を促す制度として、生活保護(公的扶助)があります。生活保護は公的扶助とも呼ばれるように、国がなんらかの理由で生活できないほどの貧困に陥った人に対し、税金で最低生活費を支給するものです。ただし、厳しい所得・資産調査(ミーンズテスト)があります。

社会手当は、生活保護ほどの厳しい所得・資産調査はありませんが、税で必要な手当を支給するものです。社会手当に必ず所得制限があるわけではありませんが、わが国の場合、児童手当をはじめ三種類の社会手当すべてに所得制限がつけられています。社会福祉は、施設や在宅などで必要な福祉サービスを提供し、児童福祉、障害者福祉、高齢者福祉の三つの分野があります。公衆衛生は、保健所などを中心に、社会の衛生を守ったり、健康を増進したり、病気を予防する活動をいいます。

現金給付と現物給付

社会保障の給付には、二つの形態があります。現金給付と現物給付です。現金給付は文字通り、現金を給付するものです。年金や生活保護、児童手当など所得保障を目的とします。現物給付は、少しわかりにくいかもしれません。物を配るのではありません。サービスを提供するのです。医療サービスと福祉サービス、介護サービスがあります。医療の場合は、医者の診断、治療、検査、薬の提供がそれにあたります。これらの医療サービスにかかる費用を健康保険でまかないます。

福祉の場合は、各種の社会福祉施設、ホームヘルパーによる介護などのサービスを提供します。これらの福祉サービスは、従来税金でまかなわれていましたが、介護保険は高齢者福祉の中心部分である高齢者介護を社会保険で行うことにしました。

残る福祉サービス、保育所などの児童福祉、障害者福祉は従来どおり、税金で行われています。ただし、近年の児童福祉法改正や社会福祉事業法の改正で、民間活力を利用する方向性が打ち出されています。

社会保障に密接に関連する分野として、教育、住宅、労働、まちづくりなどの分野があります。ベヴァリッジも、完全雇用を社会保障政策の前提においたように、失業は貧困に至る近道であり、生活を崩壊に導きます。社会保障としては、失業保険などが用意されていますが、経済政策と合わせて、積極的な雇用政策が求められる所以《ゆえん》です。

住宅も生活に大きな影響を及ぼします。在宅福祉の推進が近年叫ばれていますが、在宅の宅、すなわち住宅に十分な広さと良好な環境がなければ、絵に描いた餅に終わってしまいます。福祉先進国の北欧諸国では「住宅は福祉の基礎」といわれています。

教育も機会均等をはかるうえで、重要な要素です。どんな教育を受けたかが、どんな職業につけるか、どのくらいの収入を得られるかを大きく左右します。良好な教育機会が家庭の貧富にかかわりなく与えられなければなりません。まちづくりも社会保障と大きなかかわりがあります。誰もが自由に働くことのできる社会は、高齢者、障害者、乳幼児を抱えた親などが外出し、仕事をし、生活するうえで大切なことです。

日本の社会保障の現状

さて、わが国の社会保障はどのように生活を保障しているのでしょうか。それをわかりやすく、出生から死亡までの生涯にわたって、図示したのが次ページの図1－1です。出生から死亡まで体系的に整備されています。その水準も年金の給付額や医療の受けやすさなどの点で基本的に欧米と遜色《そんしょく》のない水準に達しているといわれています。

一方、福祉の面では不十分なサービス水準にとどまっています。保育所の待機児童の多さ、障害者を持つ家庭の苦労、高齢者の福祉の不十分さ……。これらの福祉分野の施策はこれまで、ほぼ全額税金の投入で行われてきました。税金はどうしても他の分野の施策と競合し、予算額も前年踏襲で飛躍的な増加はなかなか望めません。わが国の中央集権体制も影響して、地域福祉の独自の展開も、権限・財源の両面から難しいものがありました。

社会保険で独自の財源を確保して、制度の拡充を行ってきた医療や年金と比べて、どうしても見劣りがする原因がここにあります。介護保険の創設は、福祉分野に保険的手法を導入した初めての例です。何でも保険でというわけにはいきませんが、税を主体に行うにしても、民間の力をどう活用していくかが問われている時代といえましょう。

わが国の社会保障は、第二次大戦後から本格的な整備が始まりました。イギリスのベヴァリッジ報告やドイツの社会保険を参考にしています。一九五〇年の社会保障制度審議会

図1-1　国民の生活を支える社会保障制度

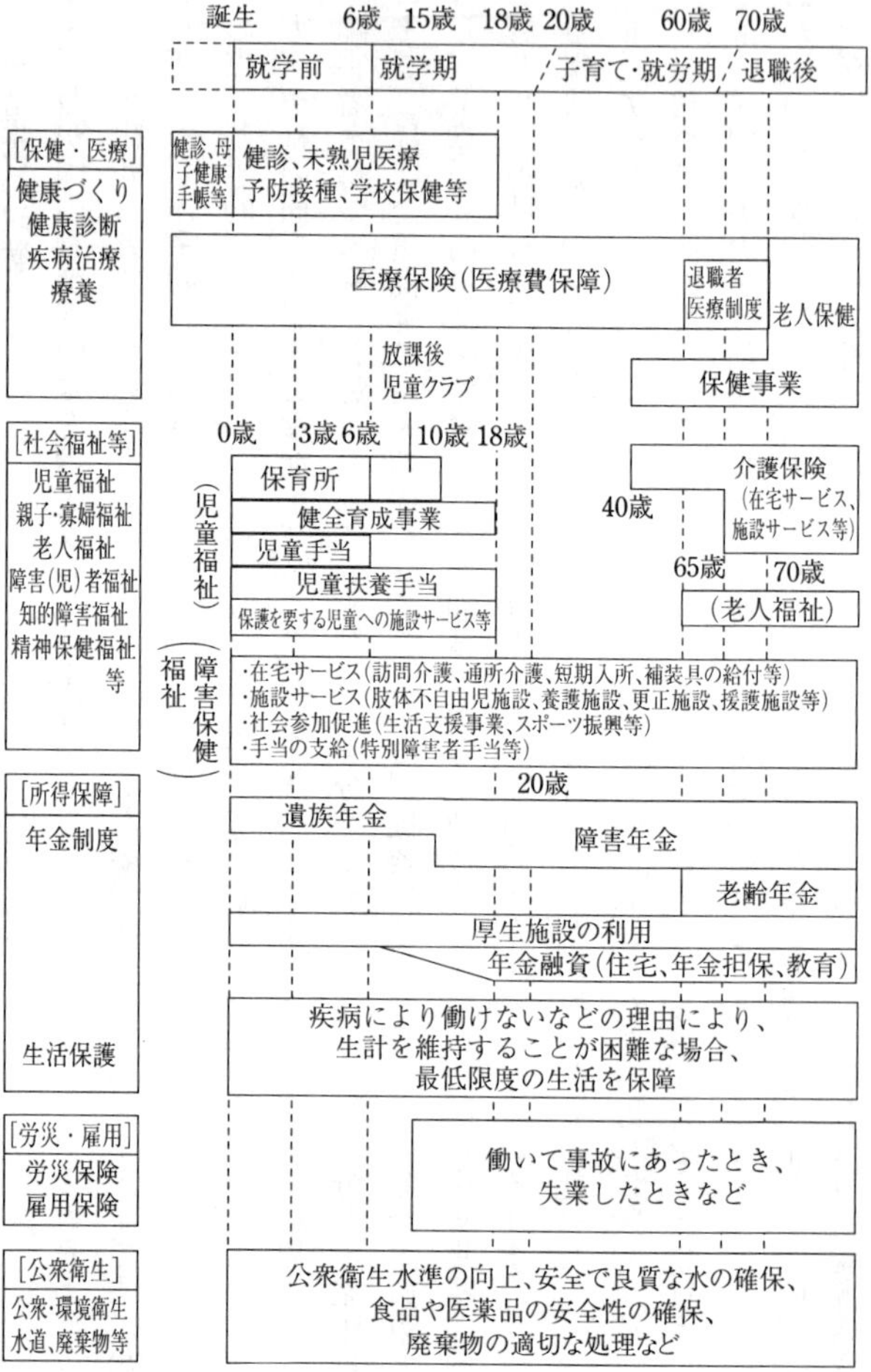
誕生
6歳
15歳
18歳
20歳
60歳
70歳
就学前
就学期
子育て・就労期
退職後
[保健・医療]
健康づくり
健康診断
疾病治療
療養
健診、母子健康手帳等
健診、未熟児医療
予防接種、学校保健等
医療保険(医療費保障)
退職者医療制度
老人保健
放課後児童クラブ
保健事業
[社会福祉等]
児童福祉
親子・寡婦福祉
老人福祉
障害(児)者福祉
知的障害福祉
精神保健福祉
等
0歳
3歳
6歳
10歳
18歳
(児童福祉)
保育所
健全育成事業
児童手当
児童扶養手当
保護を要する児童への施設サービス等
介護保険
(在宅サービス、施設サービス等)
40歳
65歳
70歳
(老人福祉)
障害保健福祉
・在宅サービス(訪問介護、通所介護、短期入所、補装具の給付等)
・施設サービス(肢体不自由児施設、養護施設、更正施設、援護施設等)
・社会参加促進(生活支援事業、スポーツ振興等)
・手当の支給(特別障害者手当等)
[所得保障]
年金制度
20歳
遺族年金
障害年金
老齢年金
厚生施設の利用
年金融資(住宅、年金担保、教育)
生活保護
疾病により働けないなどの理由により、
生計を維持することが困難な場合、
最低限度の生活を保障
[労災・雇用]
労災保険
雇用保険
働いて事故にあったとき、
失業したときなど
[公衆衛生]
公衆・環境衛生
水道、廃棄物等
公衆衛生水準の向上、安全で良質な水の確保、
食品や医薬品の安全性の確保、
廃棄物の適切な処理など

の勧告を出発点に、昭和三十年代半ばの国民皆《かい》保険・皆年金の確立から、経済の高度成長を背景に制度の拡充が次々に行われてきました。現在では、経済の低成長化、急速な少子高齢化、財政の制約という重い課題の中で、安心できる信頼できる社会保障制度の再構築が求められています。

2——社会保険の基本的仕組み

社会保険の種類・強制加入

現在の社会保障は、社会保険が中心となっています。社会保障給付費の約九〇%が、社会保険で占められています。次章から個別の社会保険の内容については詳しくみていきますが、ここでは各社会保険に共通の主要な仕組みについて説明していきましょう。

現行の社会保険は、二十二ページの表1-1のように十二種類です。二〇〇〇年から介護保険法が施行されて一種類増えました。民間労働者と公務員の体系は別個になっています。公務員等の共済組合は、その中で健康保険と年金保険を同時に行っています。健康保険にあたるものを「短期給付」、年金にあたるものを「長期給付」といいます。農林漁業団体職員共済組合は、加入者数の減少と受給者の増加でたちゆかなくなり、二〇〇二年から厚生

表1-1　社会保険の種類

①健康保険
②国民健康保険
③厚生年金保険
④国民年金
⑤労働者災害補償保険
⑥雇用保険
⑦船員保険
⑧国家公務員共済組合
⑨地方公務員等共済組合
⑩私立学校教職員共済組合
⑪農林漁業団体職員共済組合
⑫介護保険

年金と統合される予定です。

社会保険制度は、一定の要件を満たす人は全員が加入しなければならない強制加入制度となっています。「私は入りたくないから入らない」ということは通用しません。ここが民間の保険との大きな違いです。強制は法律の制定により行われ、入らない人には罰則があります。これは社会保険が、その名のとおり、社会を構成する人々の連帯による相互扶助という性格を持つからです。

たとえば病気がちでない人、健康に自信のある人は健康保険に入らないことを認めたとしましょう。健康保険に入る人は病気がちの人ばかりになってしまいます。保険料収入と給付に係わる支払いはすぐに支払い超過となってしまいます。これでは保険が崩壊してしまいます。この現象を防止するために、強制加入制度を社会保険制度は持っています。病気がちでよく病院に行く人は医療費が多くかかります。ほとんど病院に行かない人もいます。元気な人たちの保険料は医療を必要とする人たちの医療費に使われます。社会保険本来の相互扶助の役割を果たしているといえるでしょう。

保険事故の種類

保険はリスクに備えるものであり、リスクが実際に起こった場合、「保険事故」といいます。各社会保険で規定する保険事故には次のものがあります。

①病気・ケガ　精神又は肉体の異常な状態で、医師や歯科医師が診て、診察・治療が必要であると認められた病気・ケガです。

②死亡（葬祭給付）　自然死のほか、法律上死亡とみなされる場合（民法の規定による七年間生死不明の場合の失踪宣告等）。葬祭に要する費用の一部が給付されます。

③分娩　妊娠四ヵ月以上（八十五日以後）の分娩が対象となります。

④老齢　一定の高年齢に達したときのことをいいます。各保険で老齢給付の支給開始年齢が決められています。

⑤障害　病気・ケガが治る（医学的に傷病が治ったとき又は以後の治療効果が期待できず症状が固定した状態）か、一年六ヵ月間治療をした時点で、その後遺症として残る障害の状態をいいます。原則として、その病気・ケガの初診日が被保険者である間にあることが条件です。どの程度の障害について給付されるかは、各個別法で決められています。

⑥死亡（遺族給付）　被保険者である人が死亡したときに、その遺族に支払われる給付で、遺

族年金などがこれに相当します。

⑦失業　失業とは、被保険者が離職し、労働の意思と、労働の能力を持ちながら、職業に就くことができない状態にあることをいいます。能力があっても意思がなければ失業とみなされません。

健康保険では、本人に保険事故が生じたときのみならず、被扶養者に病気・ケガ、死亡、分娩の事故が生じたときも保険給付を行うことになっています。家族給付といわれ、被扶養者の範囲が決められています。

標準報酬制度と総報酬制

標準報酬制を採用しているのは、健康保険と厚生年金です。加入している人の賃金は千差万別です。個人個人について保険料を計算することはとても複雑で手間がかかります。そこで仮定的な報酬額のランク（等級）を決めます。これに個々人の報酬額をあてはめて計算します。健康保険は三十九等級あります。標準報酬のランクは最低が月額九万八千円、最高が月額九十八万円です。厚生年金は三十等級です。最低が月額九万八千円、最高が月額六十二万円です。等級数は異なりますが、報酬月額（賃金）に対応する標準報酬は、健康保険と厚生年金で変わりありません。

健康保険と厚生年金で、等級の数と最高額が異なるのは、健康保険は払った保険料で給付になんの変化もないのに対し、厚生年金では二階部分として報酬比例部分があるからです。いわゆる貢献原則というもので、保険制度への貢献、つまり保険料を多く払った人には高い給付を行うものです。この二階部分がなければ、保険料を払う意欲に影響があるかもしれません。ところが、給与が高ければ高いほど際限なく保険料も高くなれば、それを給付に反映しなければなりません。現役の平均給与よりも相当高い年金をもらう人も出てくる可能性があります。これでは若い人が保険料を支払う意欲をなくすかもしれません。そこで健康保険よりも低い標準報酬月額の上限が定められているのです。健康保険も厚生年金も標準報酬月額の上・下限は、物価上昇率や賃金上昇率を反映して一定年数ごとに見直されます。

近年は、年俸制など賃金制度も多様化してきました。また社会保険料逃れと見られるような、月額給与をきわめて低くし、その低い部分を補塡するためボーナスを多く出す、というような事例が現れてきました。二〇〇〇年年金改正では、総報酬制が厚生年金で導入されました。ボーナスも含む年収を十二で割った額を標準報酬月額とみなすのです。標準報酬月額は当然増加しますので、負担増にならないよう保険料率は引き下げられます。払う保険料の総額は同じです。総報酬制は、準備期間も必要なため、二〇〇三年から導入される予定です。健康保険も総報酬制導入の方向で検討が進められています。

報酬の範囲はどの保険も「賃金、給料、俸給、手当、賞与その他いかなる名称であるかを問わず、労働者が労務の対償として受けるすべてのものをいう」ことになっています。通勤定期代など交通費も含まれます。雇用保険や労災保険では、従来から総報酬制が採用されており、保険料の額を算定する場合は賞与等も算入しますが、給付には反映しない仕組みとなっています。

3――社会保障の現在

低成長下の高齢化という重い課題

わが国の社会保障が本格的に整備され始めてから、五十年以上が経過しました。医療、年金、福祉の各分野で相当の水準まで整備されてきました。昭和三十年代からの高度成長の波にのり、税収も社会保険料も順調に増えてきました。その潤沢な財源を制度の拡充に回してきたのです。医療や年金の給付費の伸びは、国民所得の伸びを上回るものでした。が、一九七三年の石油ショックで低成長時代に入りました。賃金も伸びず、税収や社会保険料の伸びも低くなりました。一方、本格的な高齢化の進展がこの頃から始まりました。少子化も進んできました。

医療も年金も福祉も、受給者は急激に増加してきましたが、それを支える人は減ってきました。低成長下の少子・高齢化という重い課題を、わが国の現在の社会保障は抱えています。一九八〇年代半ばから社会保障の見直しが始まりました。第二次臨時行政調査会の「増税なき財政再建」のターゲットとなったのは、国の予算の最大の費目である社会保障費でした。まず、年金の給付水準や支給開始年齢が焦点となりました。続いて医療費の最大の増加要因である高齢者医療です。現在では、高齢者医療のみならず、医療制度の抜本改革が課題となっています。改革なしには、「持続可能な社会保障」とはならない事態にまで陥っています。そのことが国民の不安を増しています。社会保障は本来、国民に安心を保障するものですが、逆に社会保障制度が不安にさらされているのです。

社会保障給付費

現在の社会保障給付費はたいへん大きな額になっており、国民経済にも大きな影響を与えています。国立社会保障・人口問題研究所は毎年十二月「社会保障給付費」を集計し発表しています。二〇〇〇年十二月に発表された一九九八年度の社会保障給付費は約七十二

図1-2　社会保障給付費の部門別推移

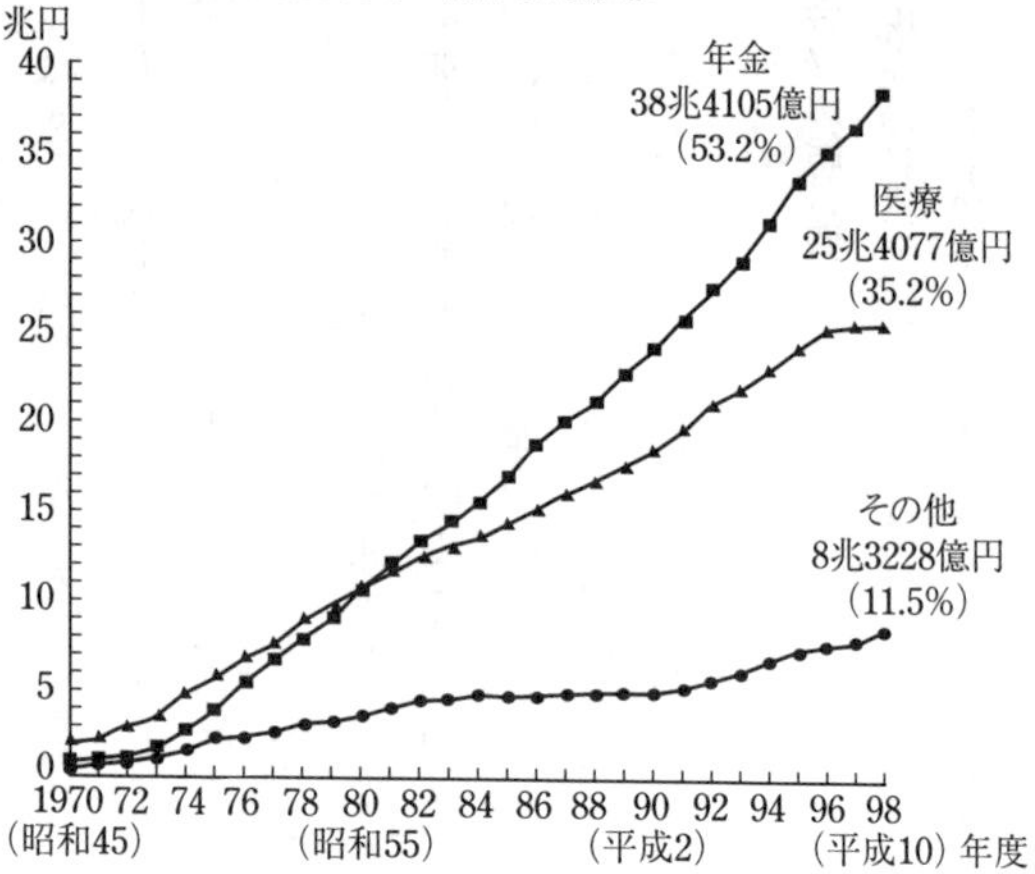

資料:『平成10年度社会保障給付費』(国立社会保障・人口問題研究所)

兆円でした。対前年度比伸び率は三・九%です。

国民所得に占める社会保障給付費の割合は一八・九%と前年度に比べ一・二%上昇し、過去最高となりました。不況の影響で国民所得の伸びが鈍化していることによります。部門別では年金が約三十八兆四千億円（五・五%増）、医療が約二十五兆四千億円（〇・四%増）、福祉その他が約八兆三千億円（八・〇%増）でした。

医療費の伸びが抑制されているのが特徴的です。年金給付費は社会保障給付費の約五割を占めています。高齢化に伴い、受給者はどんどん増えますので、この割合を減らすことは至難の業です。一方、介護や福祉などこれまで遅れていた分野を引き上げる必要があります。

私たちの社会保障

わが国の財政赤字がここまで膨らんだのは、公共事業費と社会保障費の増大のためといわれています。この二大予算項目に切り込むことなくして、財政再建の達成は不可能です。政府が社会保障のビジョンづくりを行う一つの理由がここにあります。二〇〇〇年十二月には総理の私的諮問機関「社会保障を考える有識者会議」が報告書を出しました。公的に社会保障は、個人の生活をどこまで保障すべきなのか、公私の役割分担ということが最大の論点となっています。国民負担率の水準とも密接に関連します。

わが国の政治はどうも、長期的なビジョンよりも目先の利害得失によって動いているようです。とくに医療や年金は、関係者の利害が対立することが多く、その場その場の改良で本質的な課題を先送りしてきた傾向があります。

私たちは、「私たちの社会保障」を私たちで築き上げていかなければなりません。それは天から与えられるものではなく、経済成長の果実を公正に分配することで成り立っているからです。今後の改革の道筋については、政府をはじめさまざまなところで議論されています。将来の社会保障の姿については最終章でふれたいと思います。

いずれにせよ、民主制国家にとって、どのような制度を選ぶのか、最後は国民の選択によるほかはありません。そのためにも、私たち一人一人がわが国の社会保障の仕組みとその抱える課題について理解することが重要なのです。

2章……医療保障の現状と課題……

わが国の医療体制は、すべての人に医療保険が強制適用されるようになってから(一九六一年)、診療所や病院が急速に整備されてきました。医療を考えるうえで最も重要なことは、良質な医療を確保することです。そのために、いかに効率的な体制で、あるいは費用でそれを支えることができるかということを問題にしなければなりません。順序が逆になってはいけません。というのも医療は他のサービスと異なり、人の生命にかかわることだからです。

世界には、いまだ医療も薬も国民に行き渡らず、治る病気にもかかわらず十分な治療を受けられず、多数の人が生命を落としている国が多くあります。経済成長が鈍化するなか、先進国の医療費は経済変動とかかわりなく増加する傾向にあります。高齢化に伴い、老人医療費が急増し、GDPに占める国民医療費の割合は、上昇しています。間違いなく、医療は効率化を迫られています。が、それと同時に「医療の質」の向上も求められているのです。

わが国では医療供給の仕組みを、診療報酬点数表の配分によって政策誘導する方法がとられてきました。診療報酬の規模を左右するのは、医療保険の加入者数や保険料水準であり、医療保険をどうするかという議論と医療の仕組みがどうあるべきかが渾然《こんぜん》と議論される傾向がありました。もちろん、医療そのものと医療保険は切り離すことはできません。

本来は、医療の仕組み、すなわちどのような医療の提供制度と医療の質を国民は求めるのか、それを財政的に支える医療保険制度はいかにあるべきなのか、そして両者を結びつける診療報酬の体系はどのようなものが望ましいのか、を議論していくべきなのです。

1——わが国の医療はどう提供されているのか

量から質へ

日本の医療行政は誰にでも医療が提供できる体制をつくることに最大限の努力を傾けてきました。日本ほど誰もがどんな病院や医師にもかかることのできる国は少ないのです。乳児死亡率は世界でも最低のレベルに達しています。平均寿命も世界で一、二を争っています。このことは医療関係者の努力として正当に評価すべきでしょう。これはいわば医療の量を確保したことによる成果であり、今後は医療の質が問われる時代になりました。

わが国の医療提供体制は、諸外国と比較しても相当なレベルに達しています。町の診療所から、大学病院までさまざまな種類、規模の医療施設が整備されており、都市部では比較的容易に、しかも病院を選択して診療にかかれるようになっています。一九六一年、自営業者等にも国民健康保険が強制適用となり、国民皆保険が実現されました。医療施設の経営基盤もしっかりしたものになり、医療施設は大量に増加しました。今日では医療費の高騰が大きな問題となり、入院ベッド数の削減や大学医学部の入学定員の削減が行われています。

わが国の医療提供体制は、医療法、医師法、歯科医師法、薬剤師法などで規定されています。医師又は歯科医師は都道府県知事に届出をすれば、自由に診療所を開設することができます。これを自由開業制といいます。

一方、国民のほうも自由に医療機関を選択して、診療を受けることができます。これをフリーアクセスといいます。誰もが自由に医療機関を選択できる仕組みはすばらしいものです。外国では、登録医（家庭医）制度といって、あらかじめ決められた医者の診察を受けたうえでなければ、他の医療機関を受診できないところもあります。

自由開業制を一部制限する医療計画というものがあります。医療計画は、多様化、高度化する国民の医療需要に対応して、地域の体系的な医療供給体制の整備を促進するために、医療資源の効率的活用、医療施設相互の機能連携の確保等を目的として制度化されています。都道府県単位の三次医療圏といくつかの広域地域をまとめた二次医療圏があります。二次医療圏では「地域保健医療計画」を策定します。医療計画の狙いは医療供給を制限することにあります。医療費を抑制するためです。二次医療圏内での入院ベッド数が規制さ

図2-1　保険診療のしくみ

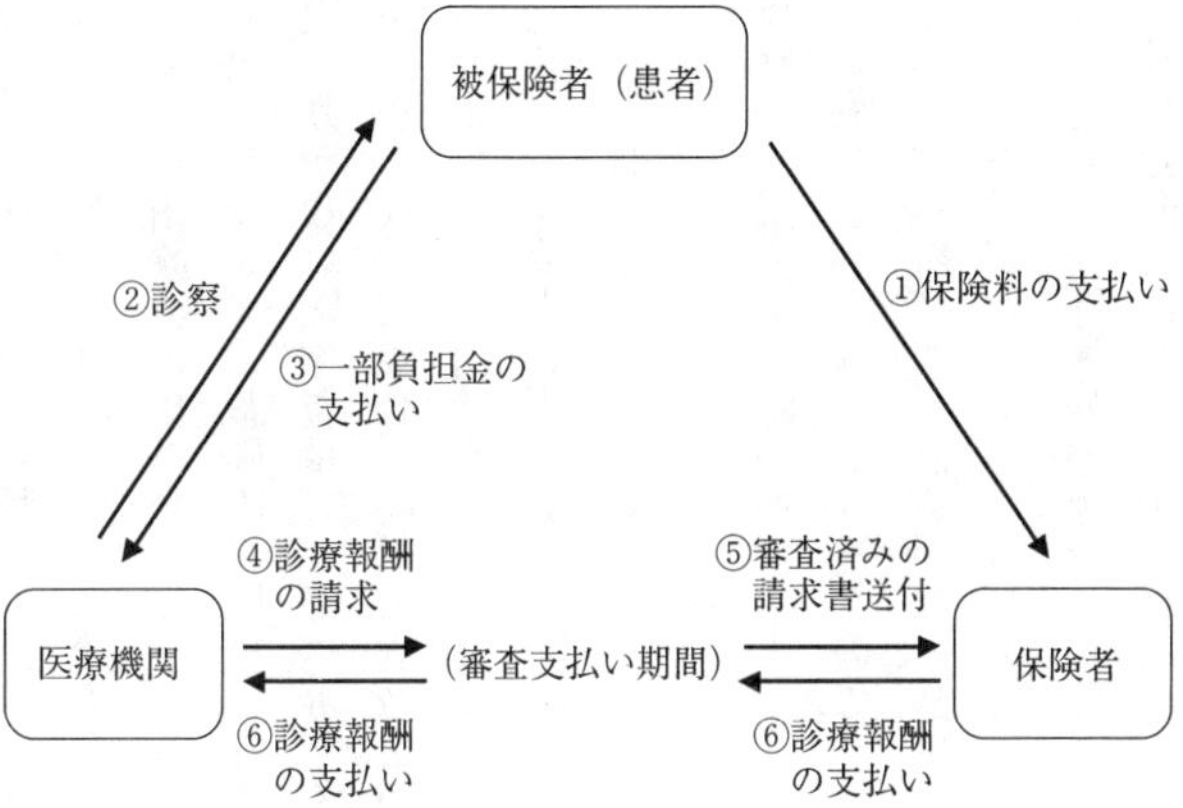

れます。ただし、制限対象は病院だけで、診療所（有床）は除かれています。医療計画に違反した場合、保険医療機関としての指定が取り消されるという厳しいものです。指定が取り消されれば、営業がほぼできなくなります。

保険診療と自由診療

私たちは当然のように、保険証一枚を持って病院に行けば医療を受けることができます。

これを保険診療といいます。保険診療以外の診療が自由診療です。保険が効かない自由診療は今日では一部で行われているにすぎません。保険診療を行うところが、保険診療機関です。各医療保険の保険者は、各医療機関と個別に保険診療契約を結びます。

政管健保は国が、健康保険組合は各健康保

険組合が、国保の場合は各都道府県が、医療機関と個別に契約を結びます。保険医療機関としての指定がなければ、いくら診療を行っても医療保険からの支払いは行われません。保険診療と自由診療の組み合わせもあります。高度先進医療と呼ばれるもので、特定療養費の対象になります。基礎的な医療は保険で行い、先進医療は自由診療です。

保険が効かない医療費は、とてつもなく高額になってしまいます。保険診療では、自己負担が高額になった場合、高額療養費といって、後から上限を超えた費用は償還する仕組みがありますが、自由診療にはこのような仕組みはありません。保険が効かない診療の身近な例は、不妊治療です。健康保険法の仕組みでは、不妊は病気ではありません。病気でないものには保険は効かないのです。

医療施設——診療所と病院の違い——

さて診療所と病院は、どう違うのでしょうか。病床数の違いです。二十床以上の病床を有する施設が病院です。診療所にも病床を有するところと有さないところがあります。前者を有床診療所といいます。わが国には、どのくらいの医療施設があるのでしょうか。

一九九九年の「医療施設調査」によると、わが国の診療所数は九万一千五百です。一方、病院は減少傾向にあり、九千二百八十六となりました。診療所はこの十年間増加し続け、

図 2-2　施設の種類別にみた施設数の年次推移

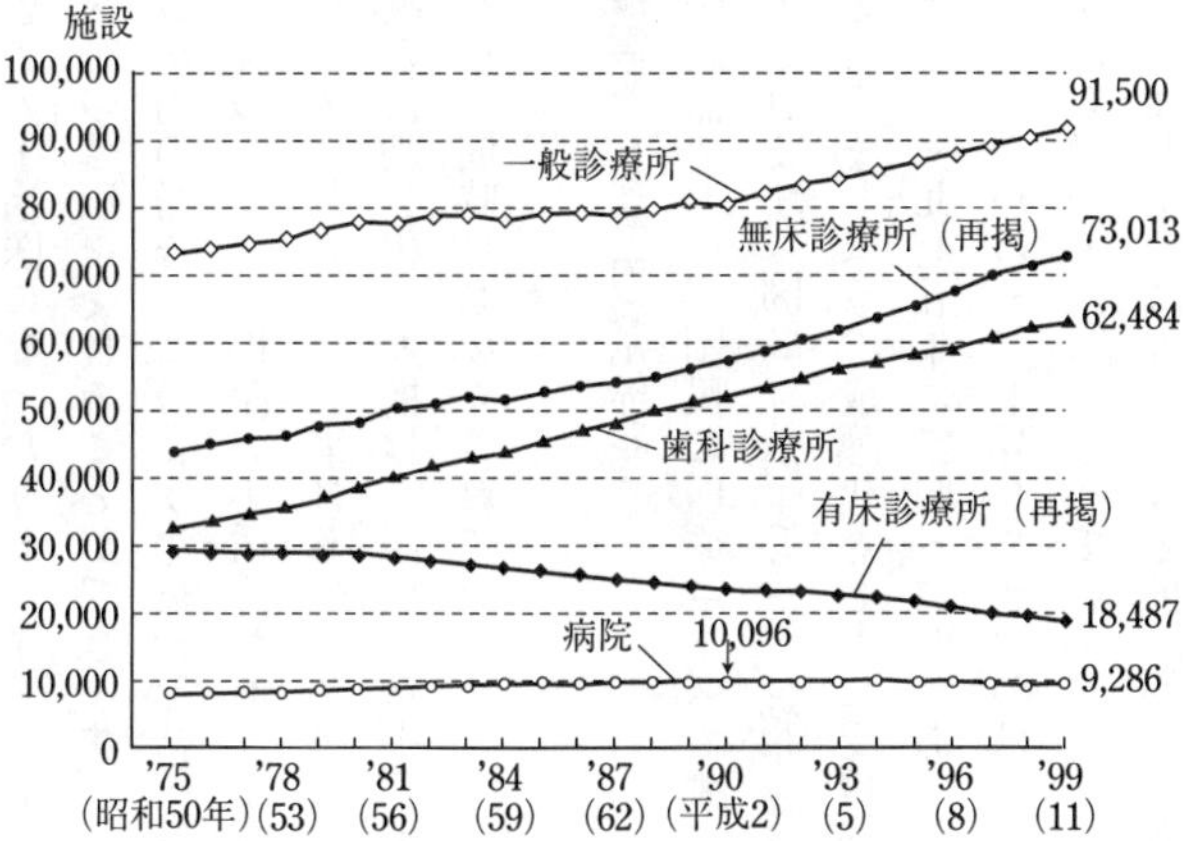

（注）昭和58年までは12月31日現在、昭和59年以降は10月1日現在である。

十年間で約一万ヵ所も増えています。病院の約十倍の診療所があるのです。

わが国の医療の問題点として、患者の大病院志向が指摘されます。その結果、長い待ち時間に短い診療という悪循環が起こります。日本の患者は入院を必要とするような病気になったときに良い病院に入れるかどうか心配なので、そのための保証として大病院の外来に通っているのです。病院と診療所の連携がうまくいっていないから、患者が診療所に不安を持つのです。この点、アメリカのオープンシステムは参考になります。

アメリカでは、診療所医師はほとんどすべていずれかの病院と診療上の契約を結んでおり、その病院の外来で診療したり、入院患者の主治医になったりします。診療所医師の背後には病院があり、患者は安心してこの医師の診療を受けることができます。

わが国の場合、このような契約を結べるような制度にはなっておらず、診療所（開業医）と病院の間には、根深い不信感があります。診療所の医師が病院を紹介しても、若干の紹介料が入るだけで、患者は診療所には戻ってきません。病気の種類、軽重による診療所と病院の役割分担と連携は、医療改革上不可欠の課題ですが、国民の大病院志向という意識の改革も同時に必要とされています。

医療需要と受療内容の変化

医療需要とは、国民の医療ニーズです。受療率は人口十万人当たりの入院・外来患者数で表されます。図2-3のように、近年はほとんど伸びておらず、医療需要は成熟化しているといえましょう。成熟化とともに受療内容が変化しています。すべての疾病における受療率で、一九七五年に二四・六％であった感染症は一九九二年には二・七％にまで低下しています。かわって上昇してきたのは、いわゆる生活習慣病（成人病）です。受療率は四・八％から二〇・六％になっています。

一九九九年の調査によると推計外来患者数は、病院が二百十三万人、一般診療所は三百

図2-3　受療率の年次推移

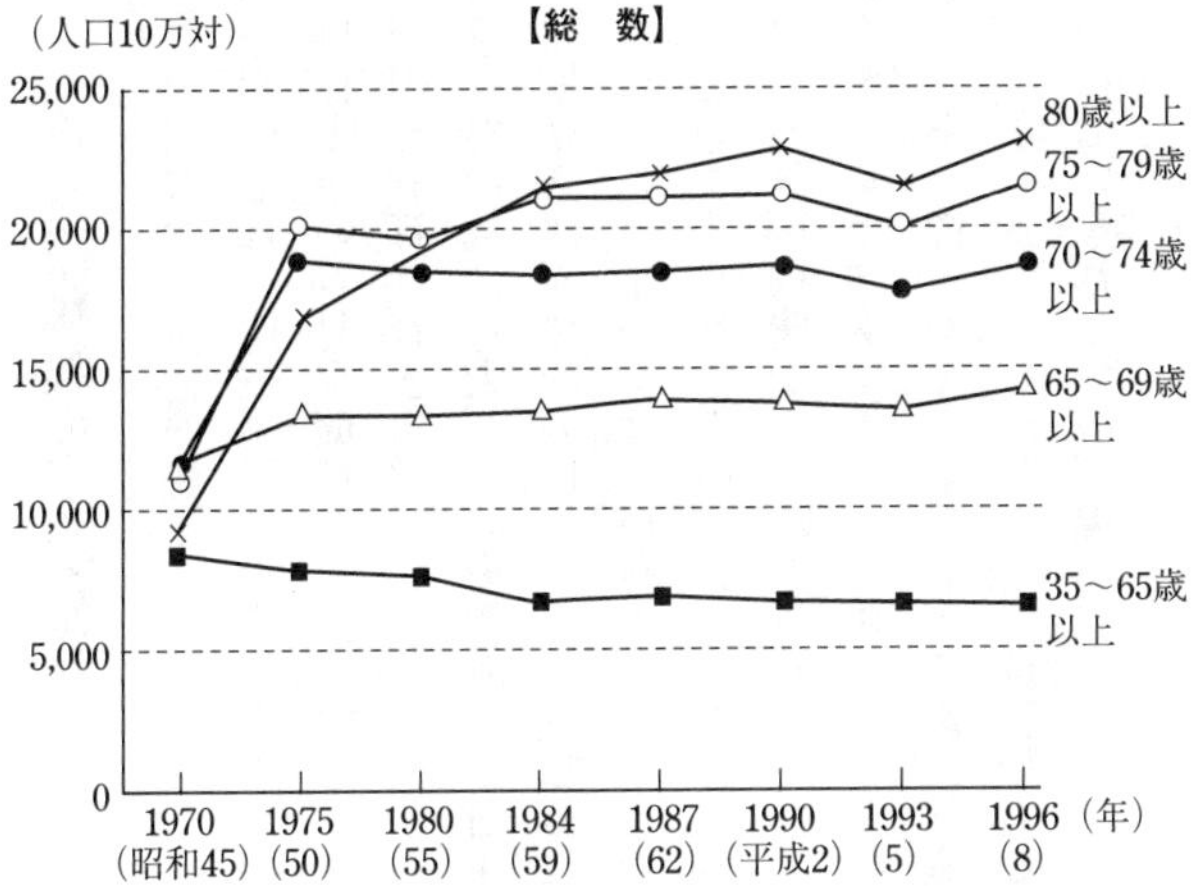

五十五万人と診療所のほうが上回っています。この十年来、病院の外来患者数は同様のペースで増加を続けていますが、診療所は横ばいまたは微増に止まっています。病院志向の患者の受療行動は続いています。

アメリカの医師と日本の医師が一日に診る患者の数を比較すると、日本の医師はアメリカの約二倍の患者を診療しています。医者も次から次へ患者を診るのは、相当疲れるものと思われます。患者の待ち時間も相当長いですが、医師の過密労働も考慮しなければなりません。患者の大病院集中と受診回数が多いことが原因です。

2——診療報酬制度と薬価基準制度

診療行為の値段——診療報酬——

診療報酬とは、医療施設の診療行為等に報酬を支払う制度です。厚生大臣が中央社会保険医療協議会の意見を聞いて決定し告示します。一つ一つの診療行為に点数がついており、一点十円で計算されます。

診療行為の数は膨大で、診療報酬表は冊子になっており、ものすごく分厚いものです。診療報酬は各医療保険の保険者から支払われます。ただし、一つ一つの保険者が医療機関に個別に支払っていてはたいへんです。そのため、各保険者は支払いのための専門機関を設立しています。健康保険では「社会保険診療報酬支払基金」という団体がそれです。基金では、各医療機関から提出されたレセプト(診療報酬明細表)に基づき請求された費用を支払います。レセプトは患者一人につき、一診療科ごとに一ヵ月の診療行為をまとめて計算します。その際、レセプトに記載された診療行為が適切なものなのか、不正請求はないのかチェックします。しかし、その数は膨大なもので、一枚のレセプトを点検する時間は一分もかけていられないのが現実です。が、このチェック体制の強化は適正な医療費のために重要なことです。

図 2-4　出来高払いの診療報酬の算定例

（虫垂炎：入院７日　虫垂切除）

初診料	250（点）
入院基本料（1,216×7日）	8,512
初期加算（452×7日）	3,164
検査料	3,868
画像診断料	2,017
投薬料	246
注射料	1,813
処置料	584
手術料	7,470
麻酔料	969
合　計	28,893（点）

★医療費の額

28,893点×10円＝ 288,930円

★一部負担金の額；
健康保険（本人、2割負担）の場合

288,930点×20％＝57,786円
↓
57,790円

（注）実際に行った診療行為ごとに定められた点数を積み上げて算定する。例えば上記の検査料の場合、更に個々の検査内容に応じて点数が定められているなど、きめ細かな体系となっており、上記の例は、虫垂炎の通常の場合を想定して積み上げたもの。

図 2-5　レセプト及び診療費の流れ

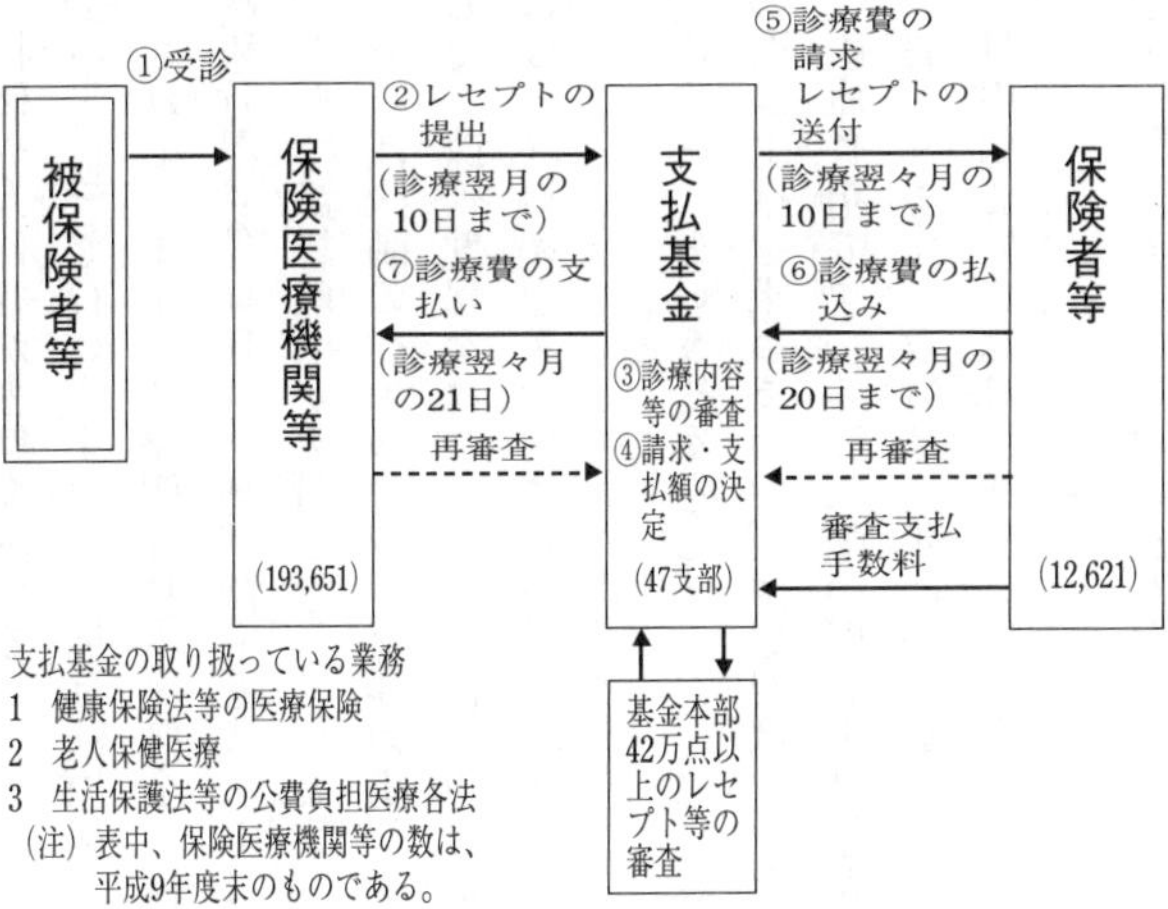

支払基金の取り扱っている業務
1　健康保険法等の医療保険
2　老人保健医療
3　生活保護法等の公費負担医療各法
（注）表中、保険医療機関等の数は、平成9年度末のものである。

診療報酬の改定はほぼ二年に一度行われます。物価や人件費が当然変動するからです。診療報酬の改定作業は、中央社会保険医療協議会(中医協)で行います。中医協は診療側、支払い側、公益の三者代表各三名、計九名で構成されています。診療側は日本医師会、歯科医師会、薬剤師会の代表、支払い側は健康保険組合連合会(健保連)、被保険者を代表して経営者団体や労働団体の代表、公益側は大学教授など学識経験者が委員となっています。

中医協はいつも激しいぶつかりあいの場です。いわば医師のベースアップ交渉の場だからです。一九九九年も激しい対立の場となりました。政管健保をはじめ、健康保険組合は赤字に陥り、これ以上の支払い能力をもつためには保険料率をアップする以外になかったからです。

支払い側は、診療報酬単価一点十円を一点九円にする、という提案をしました。じつに一〇%の引き下げです。逆に診療側は三・六%の引き上げを求めました。医療費は約一兆円も膨らみます。医療費の財源の約四分の一は、国庫負担です。診療報酬の引き上げ幅がどのくらいになるかによって、必要な国庫負担も異なります。政府は翌年度の予算に必要額を計上しなければなりません。このため、十二月中旬までには診療報酬の引き上げ幅を決定しなければならないのです。

結局、二〇〇〇年の診療報酬改定幅は、実質〇・二%のアップとなりました。診療報酬改定というコップの中の小さい争いはそろそろ止めて、医療制度と医療保険制度の抜本的見直しに踏み出さなければならない時期がとっくにきています。

診療報酬制度の改革

現行の出来高払いを基本とする診療報酬支払い制度は、一九五八年に「新医療費体系」として導入されました。その後、医療の進歩に伴い、何回も診療報酬点数表は改定されてきました。その結果、現行の診療報酬制度には次のような、いくつかの重大な問題点が指摘されています。

第一は、医療技術、「もの」、施設経営のための費用が渾然として評価されており、バランスを欠いたものになっていること。

第二は、出来高払いのため、過剰診療や長期入院等の漫然診療に陥りやすいこと。

第三に、診療所と病院の区別、外来と入院の区別が明確になされておらず、施設の形態や治療の形態の相違による費用が完全には保障されていないこと。

診療報酬制度のあり方は、医療費の増減に大きな影響を与えます。改革の方法として有力視されるのは、包括払い制度の導入です。現在でも高齢者医療の一部で導入されています。出来高払いには、過剰診療を生みやすいという欠点がある一方、包括払いには、どのような医療を行ってもあらかじめ決まった定額しか支払われませんので、医師会などは粗診粗療（粗雑な診療・粗雑な治療）を促すと批判しています（※ＤＲＧ・ＰＰＳ参照）。

出来高払いと包括払いが適切な治療分野はどのような分野でしょうか。一般論としては、出来高払いは急性疾患に、包括払いは慢性疾患に対応することが適切でしょう。ただし、疾病ごとに細かく決めていく必要があります。

慢性疾患の増大という疾病構造の変化や医療技術の進歩を適切に反映していない、との批判に応えるためには、包括払い制度の導入に加えて、診療報酬に技術料をきちんと位置づける必要があります。医者の技術とは何か、技術評価のあり方をどう決めるか、などクリアしなければならない課題は多いのですが。

※ＤＲＧとは、国際的な基準でも一万以上ある診断名を、マンパワー、医薬品、医療材料などの医療資源の必要度から、統計上意味のある五百程度の診断名グループに整理し、分類する手法をいいます。分類した診断名ごとに包括支払い方式（ＰＰＳ）を用いることをＤＲＧ・ＰＰＳ方式といいます。

薬価基準制度の仕組み

わが国の医療費の特徴は薬剤費比率が、諸外国に比べて高いことです。約二割にも達しています。一時は三割近くありましたが、薬剤費適正化の取り組みで二割程度に徐々に低下してきました。一部の患者には飲みきれないほどの薬が与えられ、捨てる患者も多いようです。大きなムダが薬の世界にはありそうです。薬漬け治療の弊害が現れているのです。なぜ、薬が多く使われてしまうのでしょうか。医療機関で使う薬の価格の決め方にその原因があります。

医療機関が保険で使う医薬品の代金は、厚生労働大臣が告示する公定価格で支払われます。一つ一つの薬ごとに値段が決まっています（薬価基準）。薬の販売会社の売り込み競争は激しく、実際に医療機関が購入する価格は値引きされています。公定価格と実際に購入した価格の差、これが薬価差益です。これまで医療機関の大きな収入源となってきましたが、一九九三年度の一兆三千六百億円から、一九九七年度の八千九百億円と徐々に縮小してきています。

現行の薬価基準制度は、市場取引の平均価格に一定の上乗せ幅を設けて公定価格を決める仕組みをとっています。現在、上乗せ幅は市場価格の二％です。これをR幅といいます。上乗せ幅をすべて廃止すると、国民医療費の二％弱の財源が浮くといわれています。

この浮いた額を、診療側は診療報酬引き上げの財源とすることを求めます。これまでの診療報酬改定でも同様の手法が用いられてきました。支払い側は、財政難の穴埋めに使う

図2-6　薬剤費及び薬剤比率の推移

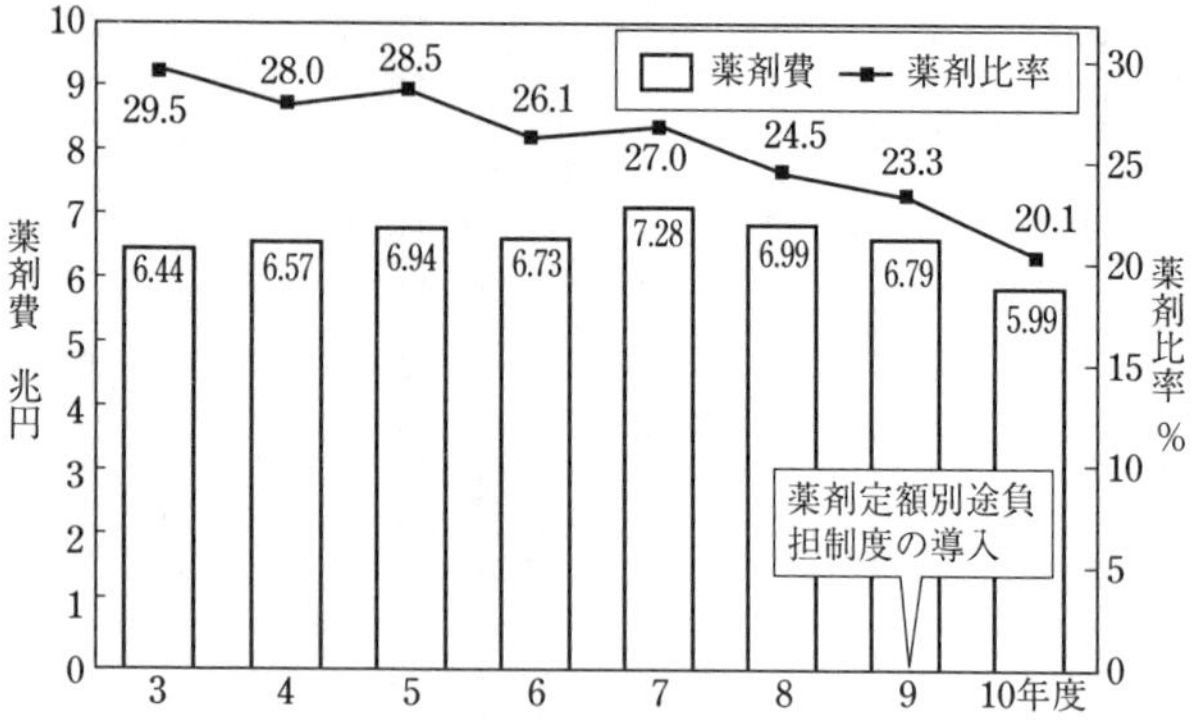

（注1）薬剤比率は、国民医療費に占める薬剤費の割合をいう。
（注2）平成9年度以降の薬剤比率が下降していることについては、患者の薬剤別途定額負担制度の導入の影響が伺われる。

よう主張しています。中医協の薬価専門部会は、一九九九年十二月、薬価改革の報告書をまとめました。医療機関が受け取る薬価差益の解消をめざす方針を打ち出しています。二〇〇〇年から上乗せ幅（R幅・リーズナブルゾーン）を圧縮し、二〇〇二年までに全廃する方針です。これにより、薬剤費の七・四〜八・九％、医療費総額の一・七〜二・〇％が削減されると厚生労働省は推計しています。

現行の薬価基準制度の改革の方向には、二つの方向があります。参照価格制度と市場価格制度です。参照価格制度の導入が厚生労働省の審議会で真剣に検討されました。これは、薬剤ごとに一定の上限額（参照価格）を決めて、上限額を超える部分は保険から支払わない制度です。参照価格制度はドイツで導入されており、一定の成果をあげました。

しかし、参照価格制度は参照価格を公定するという手続きが必要です。もう一歩進めて公定価格そのものを廃止し、市場に任せるという選択もあります。普通の商品の価格が市場を通して決められているように、薬も同様にするのです。薬の公定価格を決める薬価基準制度そのものが不要になります。

国民医療費とは

さて、日本の医療費の水準は、諸外国と比べて高いのでしょうか。一九九九年度の国民医療費は、三十兆九千億円、前年度より一兆一千百億円、三・七%の増加となりました。国民所得に占める割合は、初めて八%を突破し、八・〇八%に達しました。医療費の国際比較は、各国の医療費の統計上の範囲が異なるため、困難を伴います。通常はOECD(経済協力開発機構)のデータによります。次ページの表2-1がOECD諸国とわが国の医療費を比較したものです。

この表からは日本の医療費の国民所得比はまだ低い、といえるでしょう。現時点では、日本の人口高齢化率が欧米諸国に比べて低いことが最大の理由にあげられます。しかし、

表2-1　OECD諸国の医療費の状況

1997

国名	1人当たりの医療費		医療費の対GDP比	
	順位	金額（円）	順位	比率（%）
アメリカ	1	495,454	1	13.9
スイス	2	437,984	3	10.0
ドイツ	3	330,666	2	10.7
ノルウェー	4	317,478	17	7.5
ルクセンブルク	5	314,211	22	7.0
デンマーク	6	311,428	11	8.0
日本	**7**	**287,714**	**20**	**7.2**
フランス	8	276,583	4	9.6
スウェーデン	9	268,477	6	8.6
アイスランド	10	263,395	12	7.9

（注1）本表各項目の順位は、OECD加入国間におけるもの。
（注2）現地通貨で発表されている統計数値を、1997年の年間平均為替レートで換算したもの。
資料："OECD HEALTH DATA '99"

図2-7　国民医療費と対国民所得比の年次推移

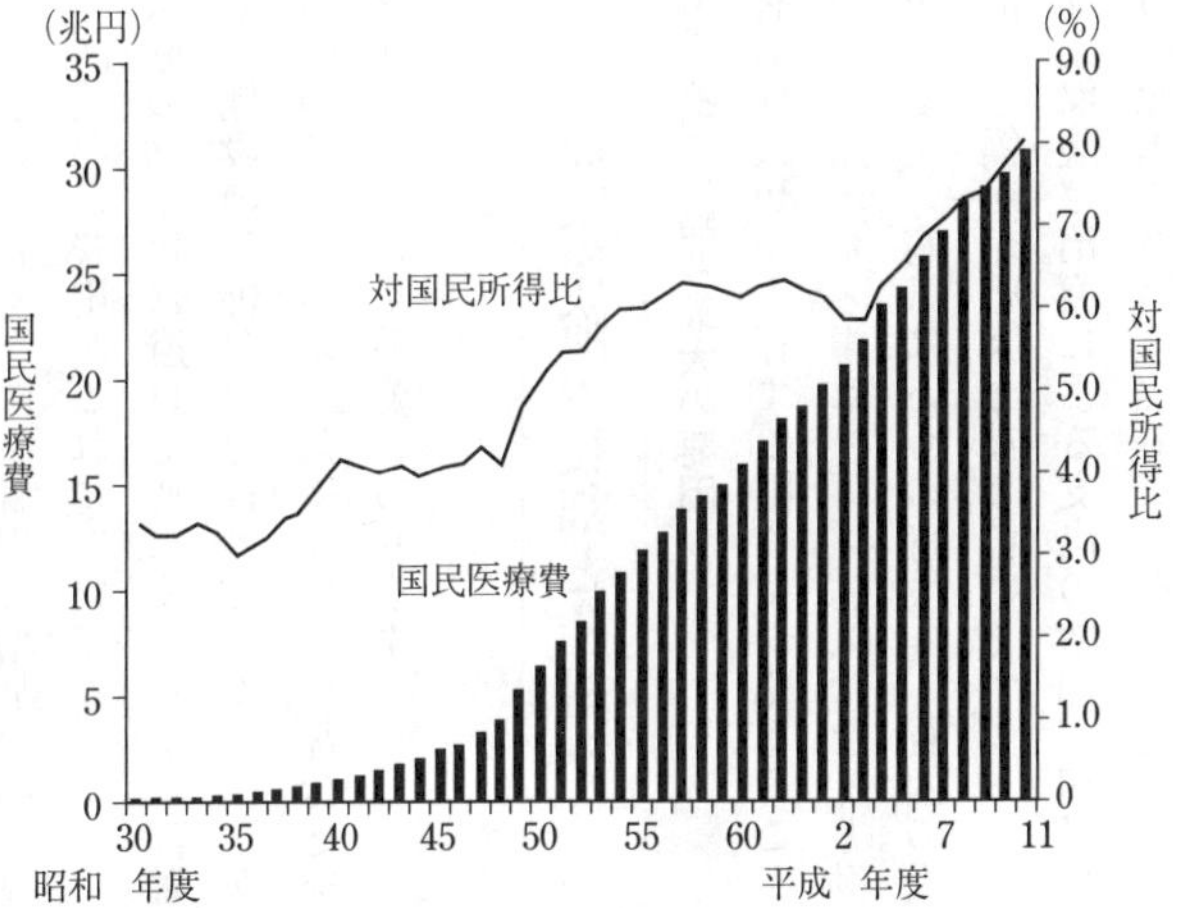

高齢化率の差異は、日本の医療費が小さいことの一つの理由にすぎず、有病率の差異、医療内容、管理コストの差異などに起因する部分が多いといわれます。

診療報酬体系を一つのバルブとして閉めてきたから医療費が抑制されてきた側面もあります。医療現場の人員基準の問題もあります。雇用者数の面でも医療、保健衛生、社会福祉では欧米より格段に低いのです。今後は医療費の総額も国民所得比も増加していくことが予測されています。

医療費の増加要因として一番にあげられるのが、高齢者の増加です。一人当たり医療費でみると、高齢者はそれ以外の人の約五倍かかっています。高齢者は一人当たり受診日数、一日当たり医療費とも高齢者以外より多いのです。医業費用の増加要因を見ると、給与費（人件費）のウエイトが最も大きく、医薬品の費用がこれに次いでいます。

医療の効率化は避けて通れませんが、高齢者の増加、医療技術の進歩、人員基準や療養環境、施設の改善などを行っていくには、医療費は増加せざるをえません。どこまでを保険の範囲でみるのか、効率化すべき部分と充実させるべき部分を峻別し、重点的な政策展開をはかっていく必要があります。

3──健康保険の役割と仕組み

病気は貧困に陥る最大の要因

病気は人類が生存する限り、なくなることはありません。病気やケガはいつも偶然に、しかも突然におとずれます。病気になると働くこともできません。治療には多くのお金がかかります。病気はいつの時代も、貧困の大きな原因でした。生活保護を受給する人の約八割が、傷病が原因となっています。

健康保険は治療による支出の増加、病気によって働けなくなることによる収入の減少、両方の原因で貧困に陥ることを保険的手法で防止しようとするものです。健康保険が対象とするリスクは、病気そのものではなく、病気になったことによる収入の減少、支出の増加という生活上の危機です。健康保険は、事前に保険料を拠出し、病気になったときの治療費を保険から支払います。健康保険がなければ、「生命の沙汰もカネ次第」になってしまいます。金持ちが良い治療を受け、貧乏人は治療さえ受けられません。

筆者が小学校高学年のころ、母親が肺結核にかかったことがありました。幼心にたいへん深刻に受け止め、十分な治療を受けさせたいと願いました。当時はもう健康保険制度は整備されていましたが、小学生の身では知る由もありません。幸い、病は軽かったのか、しばらくして快復しました。この時、貧しい人も金持ちの人も平等に良い治療が受けられることが大切だし、何とかしてそのような社会をつくらなければいけないと感じたことを、今も記憶しています。もっとも、当時の自己負担の割合は現在よりも高かったので、かなりの出費だったでしょう。

国民皆保険の実現

健康保険はわが国でもっとも早く創設された社会保険です。健康保険法は一九二二年に公布され、一九二六年に施行されました。これ以前にも鐘紡などでは、独自の共済制度として健康保険類似の制度を持っていましたが、あくまで自主的かつ任意のものでした。一九三八年には、農村への医療普及を目的として、国民健康保険法が成立しましたが、その設立（市町村単位）および加入は任意でした。

戦後の混乱は、健康保険でも同様でした。急激なインフレーションで保険財政はずたずたになり、崩壊の危機に瀕しました。建て直しの議論が重ねられました。

一九六一年は、年金でも医療の分野で画期的な前進があった年でした。いわゆる「国民皆年金・皆保険」が実現された年です。それまではサラリーマンなどを対象とする健康保険や厚生年金はありましたが、農家や自営業者などを対象とする保険や年金は任意加入でした。保険料徴収のための「所得の捕捉」がむずかしい、ということが一つの理由でしたが、これではあまりに不公平です。国民の間からも、「国民皆年金・皆保険体制の確立をめざせ」との要望がだんだんと高まりつつありました。

政府は、サラリーマン向けの健康保険や厚生年金とは別個に、自営業者や農家等向けの「国民健康保険」と「国民年金」制度を創設しました。強制加入です。ここに、すべての国民を対象とする保険と年金が整備されたのです。保険が整備されることによって、医者や病院の収入源も確固としたものになりました。それまで医者のいなかった田舎にも診療所ができ、離島にも医者が赴任するようになりました。国民誰もが保険証一枚で医者にかかれるようになったのです。

当初患者の自己負担は五割でした。保険から半分、本人負担が半分。高額な医療費がかかる場合、保険診療であっても、重い病気にかかると、自己負担は生活を破壊するほどの高さでした。日本の社会保険は、国民皆保険・皆年金を実現してからは、潤沢な税収と社会保険料の伸びに支えられて順調な成長を遂げました。健康保険の給付率も徐々に改善されました。最後は本人負担はゼロにまでなりました。

「福祉元年」の画期的拡充策

福祉元年といわれた一九七三年には、健康保険上でも大きな改正が行われました。高額療養費制度の創設（完全実施は一九七五年から）と家族給付割合の引き上げ（給付率五割→七割）です。老人医療制度でも大きな改革が行われました。老人医療費無料化制度の創設です。

高額療養費制度は医療費負担の軽減を行う大きな改革です。それまでは、いくら高額な費用がかかっても、患者は一定割合の自己負担が必要でした。治療にかかった医療費がとてつもなく大きくなると、その一定割合とはいえ、自己負担も相当な額になってしまいます。そこで、上限打ち切り制度をつくったのです。医療費がいくらかかろうと、患者の自己負担には上限が設定されました。これが高額療養費制度です。自己負担の増大を防止し、安心して医療を受けるため、たいへん重要な制度といえましょう。

もう一つ大きな改革だったのが、老人医療費無料化政策です。高額療養費制度とは異なり、今日ではこの政策の導入は反省の念を持って、振り返られることが多いようです。老人医療費の高騰を招いたからです。俗に「タダより高いものはない」といいますが、老人の医療費を無料にしたことで、医療費全体が膨らみました。そして、それを支える健康保険の負担の増大や税負担の増大を招くことにつながったのです。その後、老人保健法が制定され、老人医療費の無料化は廃止されました。高齢者(七十歳以上)の自己負担は、定額負担に改められました。そして、老人保健拠出金として、各保険者が老人医療にかかる費用を分担して支払う仕組みが導入されました。

健康保険制度の種類

健康保険制度は大きく二つに分かれています。一つはサラリーマンなどを対象とした健康保険、もう一つは自営業者などを対象とした国民健康保険です。

一つまたは二つ以上の会社や工場で、常時七百人以上の従業員が働いているところでは、厚生大臣の許可を得て、独自の健康保険組合を設立することができます。これを組合管掌健康保険といい、略して「組合健保」といいます。それに対して、国(政府)が直接運営する健康保険を政府管掌健康保険といい、これを略して「政管健保」といいます。

図2-8　医療保険制度の加入者（平成12年3月末現在）

わが国は国民皆保険制度を採り、被用者を対象とする制度と被用者以外の者を対象とする制度に大別される。

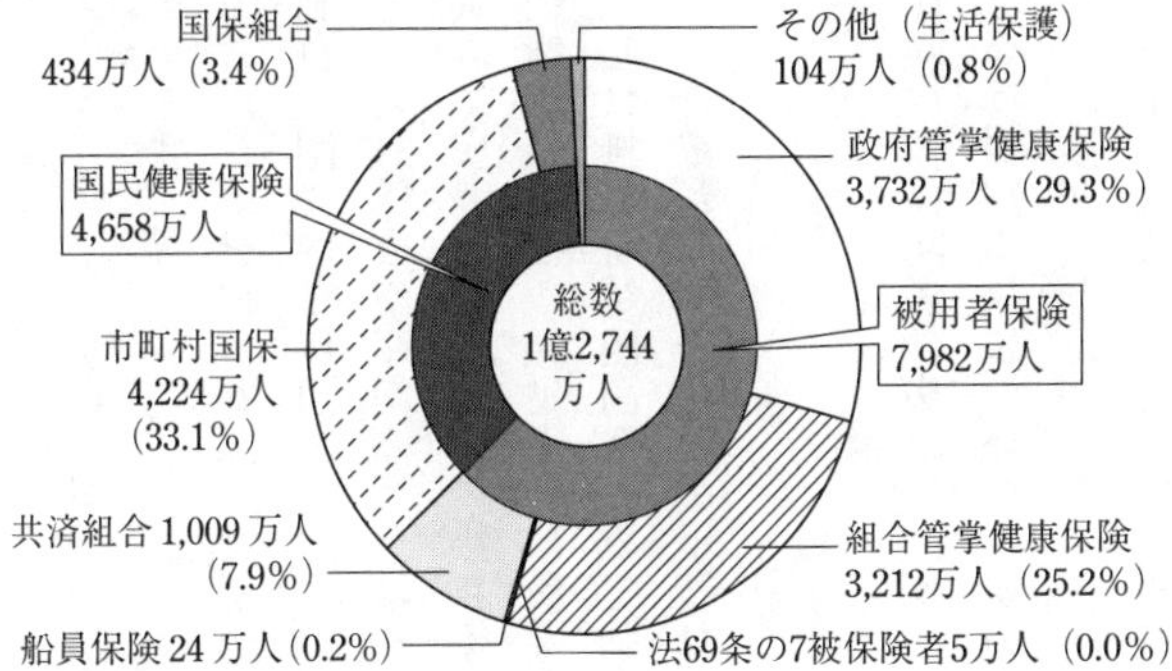

（注）加入者の位置付けは各制度により異なる。
被用者保険の加入者：本人（被保険者）及びその家族（被扶養者）
国民健康保険の加入者：被用者保険の加入者以外の者全員（被保険者）

政管健保は主に中小企業が加入し、健康保険組合は主に大企業が設立しています。独力で健康保険組合を設立できない中小企業などが集まって健康保険組合を設立することもできます。これは総合健康保険組合と呼ばれ、印刷業の総合健保など多数あります。

政管健保の保険料率は法律で決めることになっています。現在は千分の八・五です。組合健保の保険料率は、千分の三十から千分の九十五までの範囲で、組合が独自に決めることができます。事業主と被保険者の負担割合も、政管健保は労使折半と決められていますが、組合健保は独自に決めることができます。ただし、労働者の負担は千分の四十五を超えてはならないと定められています。これは保険運営に組合の自主性を認めるものです。組合健保は法律で決められた給付（法定給付）のほかに、組合の財政状況等を考慮して、附加給付を支給することが認められています。

わが国には五千を超える保険者（保険を運営する機関）が存在しています。三千を超える市町村が独自に国民健康保険を運営しています。千八百を超える企業単位の健康保険組合があります。人口構成や産業構造をはじめとする社会構造の変化によって、各保険者の財政基盤は大きく影響を受けます。小さく分立していればいるほど、その影響は大きくなります。国民健康保険は、発足当初は農業者と自営業者を中心とする制度でした。現在では高齢者を中心に無職者が四割も占める制度となっており、必然的に低所得者が多く加入しています。それぞれの加入状況を示したものが図2-8です。

健康保険の給付

健康保険は被保険者の病気、ケガ、死亡または分娩、被扶養者の病気、ケガ、死亡または分娩という保険事故について一定の保険給付を行う医療保険です。なお、業務上の病気などは労災保険が優先適用となります。健康保険は民間で働く人たちが対象です。

法律で適用対象業種を定めています。一九八八年から適用対象が拡大され、常時一人以上の従業員を使用する全業種の法人の事業所が強制適用となりました。これらの事業所は必ず健康保険に加入しなければなりません。保険給付の対象となる病気などは、あらかじめ法律で決められています。法定給付といいます。法定給付の種類は五十九ページの表2-2のとおりです。政管健保はこの法定給付だけが行われます。健康保険組合は独自で、法定給付の種類の中で給付額の上積みなどを行うことができます。これを附加給付といいます。附加給付は多ければ多いほど被保険者にとって良いものですが、その分保険料に跳ね返ってくる恐れがあります。

療養の給付は、健康保険の諸給付のうちの中心の給付です。療養の給付は保険医療機関から受ける医療の給付として現物で給付されます。なお、七十歳以上の人および六十五歳以上七十歳未満の寝たきり状態の人は、老人保健法による医療を受けます。保険で受けられる診療は、保険医が必要と認めた次のものです。

①診察
②薬剤または治療材料の支給
③処置、手術その他の治療
④居宅における療養上の管理および療養に伴う世話その他の看護
⑤病院または診療所への入院およびその療養に伴う世話その他の看護

次のようなものは保険診療の範囲に入りません。

①業務上や通勤災害が原因である病気やケガの治療（労災保険の対象）
②健康診断など病気の予防を目的とするもの
③美容整形など日常生活に支障のないもの
④妊娠・出産で正常なもの
⑤試験研究的なもので医学界の定説でないもの

被扶養者が病気・ケガをして、保険医療機関の診療を受けた際、被保険者に支払う家族療養費を保険医療機関に支払う方法によって現物給付の扱いをしています。入院時食事療養費は、入院の際の食事の費用に対して給付されます。以前は食事の費用もすべて入院費用に含まれていましたが、自宅で療養しても病院で療養しても食費はかかります。公平性を保つ上でも食事代ぐらい支払ってもらおうということになったものです。食事に関する標準負担額（一日七百六十円、低所得者への軽減措置あり）を支払えば、現物給付の扱いがなされます。

特定療養費は、患者の選択による特別な病室への入院や金等の歯科材料を使用した治療、高度先進医療を受けた場合等に給付されます。訪問看護療養費は、在宅で寝たきり等の状態にある者が指定訪問看護事業者による訪問看護を受けた場合、その費用に対して給付さ

表2-2　保険給付の種類と内容

区分		給付の種類（被保険者）	給付の種類（被扶養者）
病気やケガをしたとき	保険証で治療を受けるとき	療養の給付 入院時食事療養費 特定療養費 訪問看護療養費	家族療養費 家族訪問看護療養費
病気やケガをしたとき	保険証で治療を受けるとき	療養費 高額療養費	療養費 高額療養費
病気やケガをしたとき	緊急時などに移送されたとき	移送費	家族移送費
病気やケガをしたとき	療養のため休んだとき	傷病手当金	
分娩したとき		出産育児一時金 出産手当金	配偶者出産育児一時金
死亡したとき		埋葬料（費）	家族埋葬料
退職したあと（継続又は一定期間の給付）		継続療養の給付 傷病手当金 出産手当金 出産育児一時金 埋葬料	継続療養の給付

資料：社会保険庁

れます。移送費・家族移送費は、負傷や疾病等により移動が困難な患者が医師の指示により、緊急的な必要があって移送された場合、支給されます。療養費は、現物給付としての療養の給付を補完するために認められる例外的な償還払いで、ごく制約的な役割しかありません。

一部負担金と高額療養費

療養の給付（保険診療）を受けるときは、医療機関の窓口で医療費の一定割合に相当する一部負担金を支払います。受益者負担の観点からです。本人・家族別、外来・入院別、保険の種類などで一部負担の割合は異なっています。本来は保険の種類にかかわりなく、負担割合も同一であるべきでしょうが、長い経緯によってそうなっています。

入院時食事療養費の場合は標準負担額、訪問看護療養費の場合は基本利用料を支払います。一部負担金は健康保険では、本人は入院・外来とも二割負担、家族は入院二割、外来では三割を負担します。その他に薬剤費負担があります。従来、薬剤費負担も診療費などと合算されて、その一部が自己負担となっていました。医療費に占める薬剤費が多いことから、一九九七年の法改正で薬剤費は別個負担となりました。

高額療養費制度は利用者の一部負担額が高額になることによって、利用者の生活に大き

図2-9　高額療養費制度の仕組み

現行		改正の内容	
低所得者	35,400円	低所得者	現行どおり
一般	63,600円	一般	63,600円＋（医療費－318,000円）×1%
		上位所得者	121,800円＋（医療費－609,000円）×1%

（注）上位所得者とは、標準報酬等級56万円以上の人。

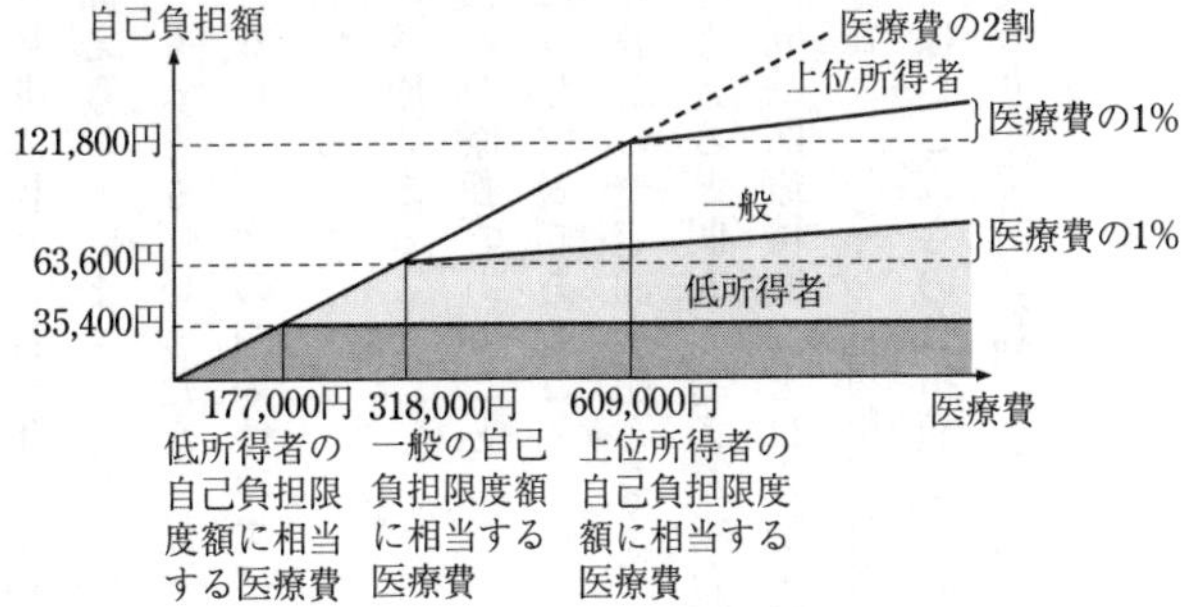

な影響が出て、十分な医療を受けられないようになることを防ぐために設けられた制度です。被保険者または被扶養者の自己負担額が高額になった場合、一定額（六万三千六百円）を超えた負担額について、その「超えた額」が高額療養費として受けられます。

二〇〇〇年改正で高額療養費制度に重大な変更が加えられました。従来は低所得者を除き、所得に関係なく上限は決まっていましたが、低所得者以外では、六万三千六百円に、かかった医療費から定額を引いた額に一%を掛けた額をプラスした額を上限とする仕組みです。図2-9を参照してください。このような複雑な制度とするよりも、なぜ上限の引き上げという単純な方法をとらなかったのか疑問が残ります。

なお、市町村民税非課税者や福祉年金受給者などの低所得者は、負担限度額は三万五千四百円と低額に抑えられています。どんなに診療を受けても、これ以上の額は支払わなくてもいいのです。もっとも、いったん全額を支払った上で超えた額が本人に戻されます。

高額療養費を受けるには、次の四条件のすべてに該当していなければなりません。

①同一月内の診療であること
②同一医療機関の診療であること
③医科・歯科別にみた療養であること
④入院・通院別にみた療養であること

一人では高額療養費の一定額を超えなくても、世帯でみた場合超える場合があります。世帯でみた負担を考えると個人で超えた場合と同様に、なんらかの措置があってしかるべきです。同一月に同一医療機関ごとに入院・外来別、医科・歯科別に自己負担額が三万円(これを合算対象基礎額といいます、低所得者の場合は二万一千円です)を超えるものが、同一世帯で複数生じた場合には、これらの負担額を合計して、その額が負担限度額の六万三千六百円(低所得者の場合は三万五千四百円)を超える場合は、その超えた額が高額療養費として受けられます。

4——老人保健制度の概要

増え続ける老人医療費をどう効率化するか

医療保険制度はかかった医療費を支える仕組みにすぎません。いわばカネの流れをスムーズにする仕組みです。もっとも重要なことは、医療費の効率化です。とくに増大する老人医療費をどう効率化するか、という課題です。

高齢化の進展で、医療費は自然に増える(自然増)といわれます。加齢に伴い病気がちな人が多くなることは仕方ないかもしれません。しかし、高齢者一人当たりの医療費が若年者のそれに比べて約五倍もする事実、入院が長すぎる事実、高すぎる薬剤比率、これらのことを改める必要があります。効率化はもちろん必要なことですが、現にかかっている医療費は誰かが負担しなければなりません。その仕組みが一九八二年に創設された老人保健制度です。高齢者医療費の無料化政策が、老人医療費の高騰を招いた反省から、この制度はつくられました。

高齢者の加入割合には、健康保険制度間で大きな違いがあります。被用者保険は働いている人が中心ですから、当然高齢者の加入割合は低くなります。その分、退職者などを国保は受け入れて、高齢者比率は高くなってしまいます。これは、保険者の責任に帰することのできない問題です。国民すべてに責任が生じます。したがって、高齢者の医療費を、その高齢者の加入割合に関係なく、公平に分担してもらおう、というのは国民の連帯意識に基づく当然の措置といえるでしょう。これが、老人保健法で規定されている「老人保健拠出金」の基本的考え方です。仮に、政管健保や健保組合が拠出金負担に耐えきれず、負担を止めたならば、国保にも負担能力はなく、結局税金で医療費をまかなうほかなくなります。国民の税負担が増大します。税か保険か、の負担形式が変わるだけです。

老人保健制度の仕組み

老人保健制度には、七十歳以上の人と六十五歳以上で寝たきりの人が加入します。老人保健制度には、保健という名がついているように、四十歳からの保健事業も含まれています。四十歳からは体力的にも衰え、成人病にもなりやすい、ということから健康を保つために行われている事業です。五年ごとの健康診査や健康手帳の交付が行われています。

健康保険法で定める診察等の医療の給付に加えて、老人保健施設療養費の支給と老人訪問看護療養費の支給が盛り込まれています。リハビリも給付対象に含まれています。疾病や老化等により身体の機能が低下している四十歳以上の人が対象です。理学療法士や作業療法士などによる歩行等の基本動作訓練、食事等の日常生活動作訓練など機能の維持、回

図2-10　老人保健制度の基本的な仕組み

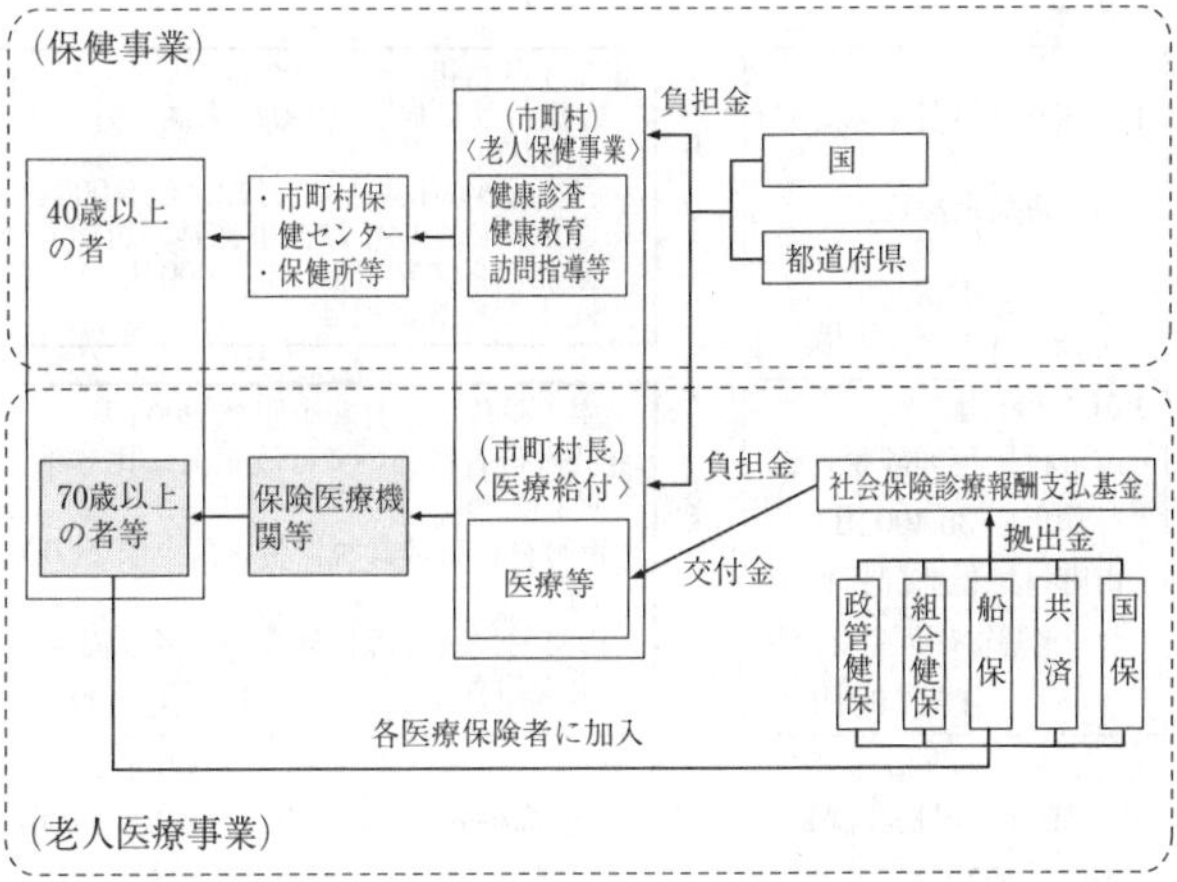

復のための訓練を行います。

従来、老人保健法による医療は定額の一部負担で受けることができました。通院の場合、通院一回当たり五百三十円（月五回目からは無料）、これに薬剤費の一部負担が加わります（一九九九年七月から徴収停止、国が肩代わり）。入院の場合、一日につき千二百円です。健康保険組合など多額の老人保健拠出金を出しているところからは、このような低額の負担金が適切なのか、疑問の声があがっていました。

このような声に応えて二〇〇一年一月から、高齢者も一割の定率負担とする老人保健法改正が行われました。この改正は、とても中途半端なもので、診療所の場合①かかった医療費の一割（月に三千円が上限）、②一回当たり八百円（五回目からは無料）、のいずれかの方式を

図2-11　一部負担の変更（老人保健）

外来

1日530円（月4回まで）
＋
薬剤定額負担

⇨

定率1割負担
・診療所及び病院（200床未満）月額上限3,000円
・病院（200床以上）　月額上限5,000円
※診療所については、事務処理負担の観点から定額負担（1日800円、月4回まで）も選択可

入院

1日1,200円
・市町村民税非課税世帯
　月額上限35,400円
・市町村民税非課税世帯
　かつ老齢福祉年金受給者
　　1日500円

⇨

定率1割負担（月額上限37,200円）
＊低所得者については改正前に比べ手厚い配慮
・市町村民税非課税世帯月額上限24,600円
・市町村民税非課税世帯かつ老齢福祉年金受給者　　月額上限15,000円

（2000年1月～）

（注）市町村民税非課税世帯（年金受給高齢者2人世帯の場合）年収約267万円以下。

診療所が選択します。これでは、定率制と定額制の選択制というものの、従来の定額制一本とほとんど変わりありません。病院の場合、かかった医療費の一割を払いますが、①二百床以上の大病院は月の上限五千円、②二百床以下の中小病院は月の上限三千円、となります。薬剤費の一部負担は廃止されました。病院と診療所、病院の規模で支払い方式が異なるなど患者の混乱を招く複雑な制度となりました。薬剤費一部負担の廃止など朝令暮改そのもので、抜本改革を早期に行う気持ちがあるならば、やらないほうがよかった改正です。

老人保健拠出金の動向

老人保健拠出金が増加しています。高齢

表2-3 老人保健拠出金支出金額・支出割合の推移

	昭和60年度 平成11年度（見込み）
老人医療費拠出金計	約2.8兆円 →約7.3兆円
うち被用者保険分	約1.3兆円 →約4.6兆円
うち国民健康保険分	約1.5兆円 →約2.7兆円
退職者給付拠出金	約0.4兆円 →約1.1兆円

	昭和60年度 平成11年度
政府管掌健康保険	16.5%→33.1%
含む退職者給付拠出金	19.8%→39.8%
組合管掌健康保険	17.9%→34.8%
含む退職者給付拠出金	24.3%→42.6%
国民健康保険	30.2%→31.8%
含む退職者給付拠出金	— —

（注）組合健保と国保の平成11年度は見込み。

者の医療費が増加しているからです。高齢者の医療費は、公費、老人保健拠出金、利用者負担でまかなわれています。利用者負担は低額に据えおかれています。公費割合も増えていません。増え続ける高齢者の医療費は、老人保健拠出金で大部分をまかなっています。老人保健拠出金とは保険者間の財政調整の仕組みです。各保険者に加入する高齢者の割合にかかわらず、全国平均の高齢者加入率で老人保健拠出金の額を決めます。これは国民全体で高齢者の医療費をまかなおうとする理念に拠ってたつものといえます。

ところが、老人保健拠出金が増大し、健康保険組合も政管健保も自らの財政が赤字に陥ってきました。財政に余裕のあるところは、他人の面倒を見る余裕もあったのが、自分のところが苦しくなると他人を振り返る余裕もなくなります。が、かかった医療費は誰かが負担しなければならないのです。どのような負担の仕方が良いのか、多くの議論があります。次の節で若干の議論を紹介します。

5——医療制度の課題

患者の不満・疑問

私たちは、誰もが良い医療を受けたいと願っています。それが効率的に提供されれば、ベストです。わが国の医療は、誰もがどこでも受けられることが高く評価されています。考えてみると、このように医療が自由に受けられること自体、珍しいことで、とても幸せなことです。今日でも、世界中の国々で必要な医療が受けられず、幼い生命を落としたり、適切な治療や薬がなく、重い後遺症や障害を持つ人々が絶えません。

私たちは、多くの課題はあるものの、このような医療供給体制とそれを支える医療保険を確立し得た先人の努力にまず、感謝しなければなりません。何事も一朝にはならず、です。医療制度の課題は、成功がゆえの課題といえるかもしれません。

医療サービスと医療保険制度に関する意識調査によれば、医療費用保障の仕組みや医療

図2-12　国民からみた医療への不満・疑問

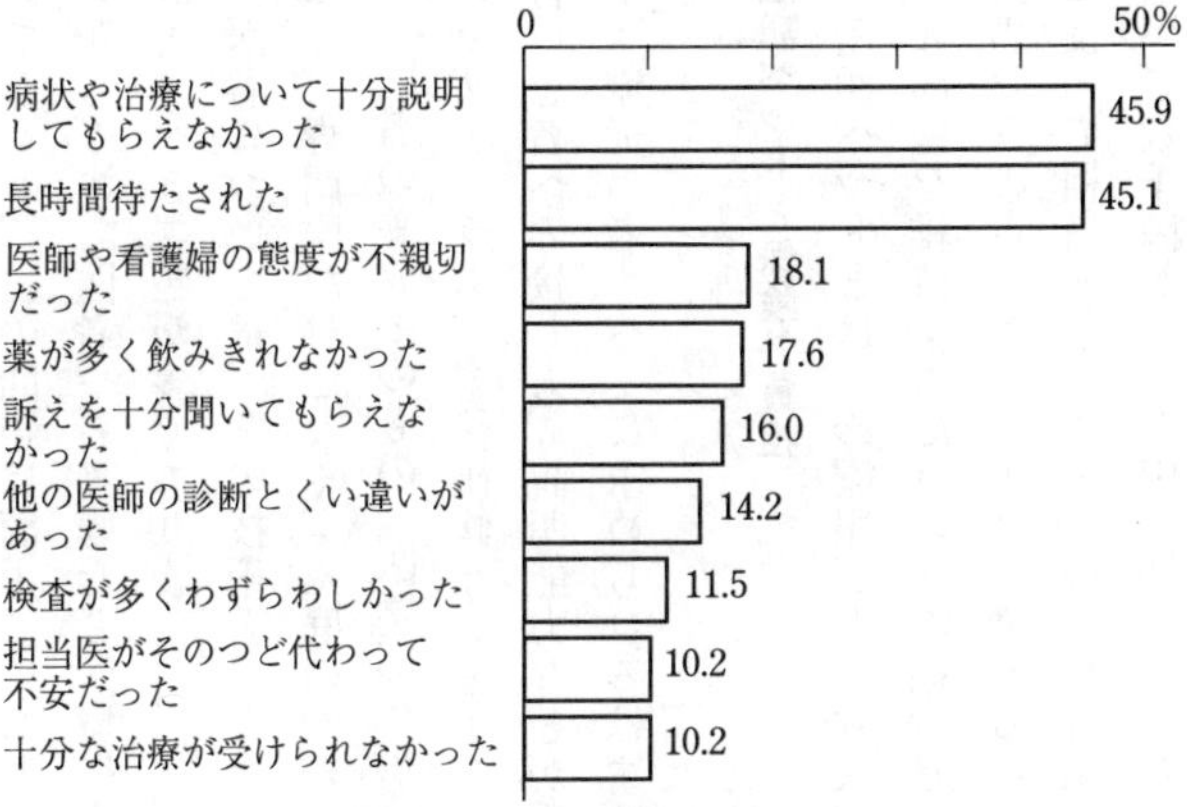

資料：「健康づくりと医療」に関する調査結果報告書（平成7年10月
健康保険組合連合会）

サービス供給の仕組み（フリーアクセス）についての国民の評価は良好です。が、フリーアクセスの仕組みが大病院志向や長い待ち時間・短い診療を生んだことを多くの人が認識しています。患者のニーズ（病気の種類や軽重）と医療機関の機能に応じた的確な受診を可能にすることが最も大切です。そのためには、医療機関の機能分担と連携とともに、医療関係情報の提供促進が重要です。医療機関に係わる広告規制の緩和を行い、情報公開を進める必要があります。

さらに、わが国の医療体制の最大の課題は、「医療の質」の向上です。これまでも病院や病床数など量的拡大を重点に充実がはかられてきました。その結果、誰もがいつでも医療を受けられる体制はほぼ確立されたといってよいでしょう。質の問題は簡単ではありません。量のように、数字で表せる明確な基準がないからです。医者や看護婦など医療従事者の量と質の問題や、病院などの療養環境など、改善すべき課題が多くあります。

医者については、その技術とともに、説明能力や人格的な要素が評価の対象となるでしょう。専門医だけでなく、家庭のかかりつけ医のような医者を増やしていく必要があります。医者の養成そのもの、医学部をめざす学生の質(単に偏差値が高いだけでない学生)、医学部のカリキュラム、卒後研修(インターン)の在り方など、高度の技術・知識とともに、人間教育、患者への接し方、説明能力などが重視されなければならないでしょう。それは看護婦や医療従事者すべてに求められるはずです。

差額ベッドと保険外負担

差額ベッドとは、診療報酬上、六人部屋が標準とされていることから生ずる問題です。六人部屋を維持するだけの診療報酬しか支払われません。四人部屋、二人部屋、個室と一人当たりの占めるスペースが増えるにつれ、差額を請求する制度です。差額の額は、病院によって相当異なります。病院が自主的に決めることができるからです。四人部屋、二人部屋で数千円から一万円、個室になると一万五千円〜二万円以上になることが通常のようです。もちろん一日当たりの額です。

差額の存在をどう考えればいいのでしょうか。病院側からみれば、一人当たりの占めるスペースに応じて、診療報酬以外の費用をもらうのは経営上やむをえない措置かもしれません。部屋を個室にしても診療報酬上いっさい評価されないからです。ここに日本の医療の「質より量」という考え方が典型的に現れています。ともかく、需要に追いつく量を提供しようとする方針で、一貫してきたのです。そこには患者の生活の質やゆとりといった療養環境を整備することを評価する余裕はありませんでした。

厚生労働省は以下の場合、差額ベッド料を求めてはならない、という通知を出しています。

①同意書による同意の確認を行っていない場合
②患者本人の「治療上の必要」により特別療養環境室（個室など）へ入院させる場合
③病棟管理の必要性等から特別療養環境室に入院させた場合で、実質的に患者の選択によらない場合

療養環境の抜本的改善がなされない限り、当面、差額ベッドは残り続けるでしょう。そうであるならば、費用徴収の基準と費用算定の透明性を確保すること、額をできるかぎり低額にすることが求められます。差額ベッド以外にも保険外の負担があります。医療費の

他に、「おむつ代」、「雑費」などの名目で月十万円から十五万円ものお金を患者から徴収するのです。保険の自己負担とはまったく別個です。

これに個室などに入れば一日一万円としても、保険外負担だけで合わせて月四十万円近くになってしまいます。保険外負担の存在をどう考えればいいのでしょうか。

保険は国民共通のリスクに備えるものでした。したがって、保険からの給付は共通的・基礎的な給付に限られる、というのは一つの筋道です。いわゆる「ぜいたく」部分や「快適性（アメニティ）」部分などに保険は適用すべきではないでしょう。ところが、わが国の医療供給体制は、基礎的な部分そのものが貧弱な体制のままできています。一貫して「質」より「量」を追い求めてきたからです。とくに病室や病院内の生活施設で欧米諸国に比べると格段に見劣りがします。この劣った部分を、保険外負担で補っているのが現状です。診療報酬体系の見直しや医療内の非効率部門を削減して、病院などの投資費用に振り向けることが必要です。それと同時に、患者が法外な保険外負担を要求されないよう、徴収基準を明確・透明なものとし、納得して払えるものとすべきでしょう。

政管健保も組合健保も財政危機

健康保険制度は医療を支える重要な役割を果たしています。ところが、どの健康保険も現在厳しい財政危機に瀕しています。

老人保健拠出金の増大により、政管健保も組合健保も赤字に陥っています。政管健保は、昭和四十年代慢性的な財政赤字に陥り、コメ、国鉄、健保の赤字体質の組織・制度を三Kと呼んだ時代もありました。その後、景気の回復や保険料の値上げなどにより、赤字体質を克服したようにみえました。が、高齢化の急速な進展とそれに伴う老人医療費の高騰、それを支える老人保健拠出金の増大により、再び深刻な財政危機に直面しています。組合健保も構造は同じです。

政府管掌健康保険の財政状況は、次ページの表2-4のとおりです。老人保健拠出金の増大が、財政を直撃している姿がよくわかると思います。とくに政管健保は、二〇〇二年度には、積立金が枯渇し、なんらかの手立てがなければ、医療費の支払いもできなくなる恐れがあります。各健康保険組合は、保養所の閉鎖、被保険者の健康診断、人間ドック補助の削減、自己負担金の還元金の削減などに取り組んでいます。が、自助努力も限界に近づいています。医療保険の側からも、抜本的な医療制度の改革が早急に求められている、といえましょう。

表 2-4　政府管掌健康保険の財政状況 (単位：億円)

	1993年度 平成5年度	1994年度 平成6年度	1995年度 平成7年度	1996年度 平成8年度	1997年度 平成9年度	1998年度 平成10年度	1999年度 平成11年度
収入	61,818	63,339	66,082	67,509	69,257	69,805	69,091
支出	62,753	66,148	68,865	71,702	70,207	69,771	72,254
うち老健拠出金	14,927	16,118	17,057	18,566	18,897	20,769	23,372
(支出に対する割合)	(23.8%)	(24.4%)	(24.8%)	(25.9%)	(26.9%)	(29.8%)	(32.3%)
収支差	▲935	▲2,809	▲2,783	▲4,193	▲950	34 〈▲35〉	▲3,163
積立金	14,088	11,366	8,914	6,260	6,857	6,932	8,039
(月分)	2.8	2.1	1.6	1.1	1.2	1.2	1.6

(注1) 平成10年度の〈　〉は、健康保険組合の解散に伴う承継財産を除いた場合の金額である。
(注2) 政管健保には過去の国庫補助の繰延があり、国庫補助繰延分が返還された場合、積立金に繰り入れられることとなる。なお未返済額は、平成11年度末で約2,900億円。

保険者規模の適正化

市町村は現在、約三千三百もあります。小規模な市町村が保険者となると、財政上の危機に十分に対応するだけの体力がありません。多くの市町村では、一般会計から国保の特別会計に補助金を出しており、その補助金を穴埋めするために国がまた補助金を出すという仕組みになっています。一般に、保険システムをより安定的に運営するためには、加入者が多ければ多いほど良いのです。なぜなら、危険率が多くの人によって分散されるからです。百人の人で構成される保険集団では、一人の重病人が出て、高額な医療費がかかったとしたら、それだけで保険財政は危機に陥ってしまいます。

これが保険集団が一万人、十万人と大きくなればなるほど、高額な医療費に耐えられる体力がついてきます。保険の基本原理「大数の法則」です。国保の保険者として、市町村が適当なのかどうか。もう少し大きな保険集団とする必要があるのではないでしょうか。保険者として、都道府県や広域事務組合を活用する方式が検討されています。すでに、介護保険では要介護認定や保険財政を一緒に行う広域事務組合が出てきています。これは国保の反省に立ったものです。

また、健康保険組合でも小規模な組合があります。長い間には、企業や産業の盛衰があります。当初、大きな組合であっても、従業員数の減少により、小さな組合になってしま

図2-13　保険給付と国民医療費の関係（概念図、平成4年度ベース推計〈高度先進医療を除く〉）

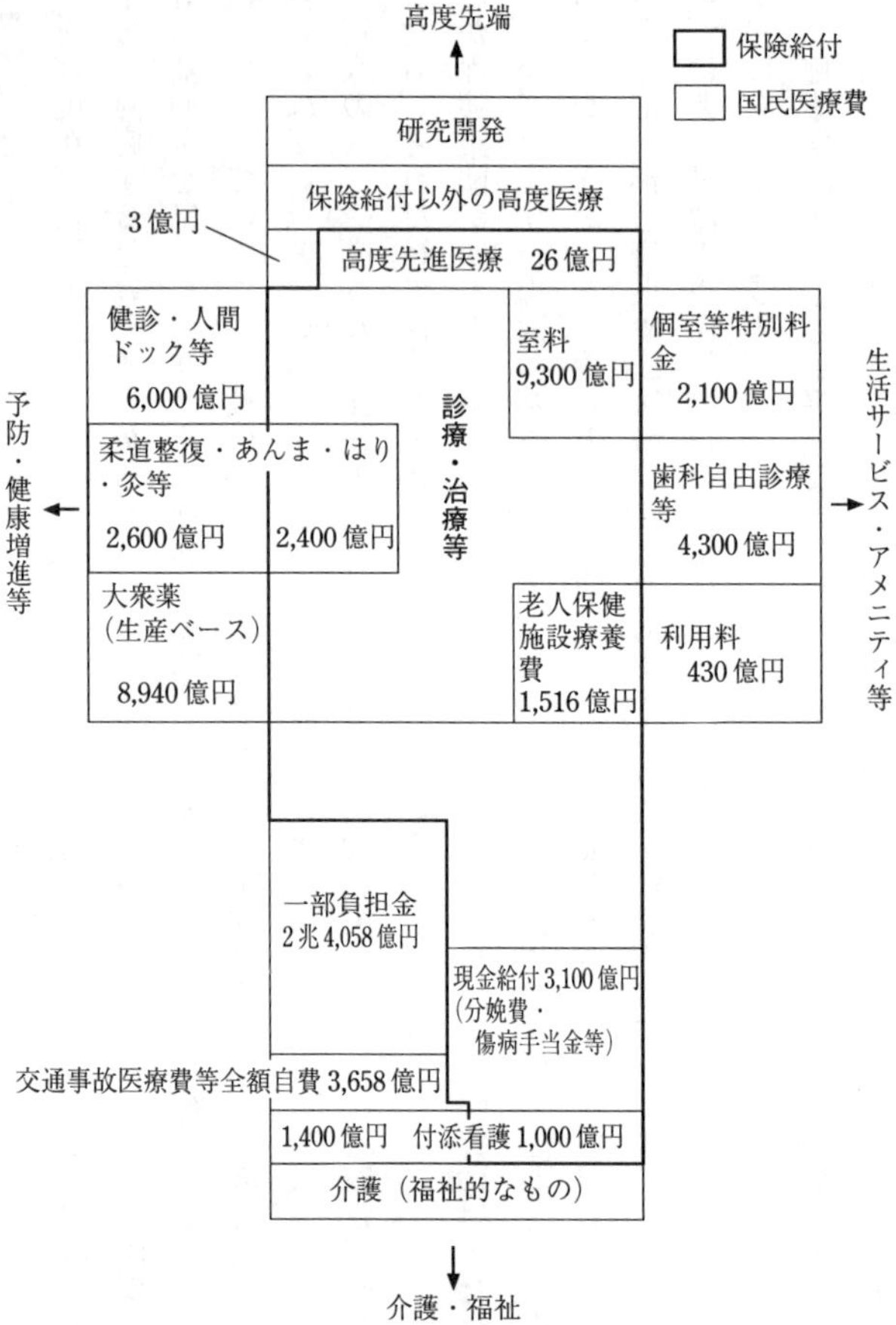

（注）計数は粗い推計であり、一つの目安である。

った例があります。保険財政の危機により、健康保険組合の解散が増えています。独自に健康保険を維持するだけの体力がなくなってしまったのです。解散した健康保険組合の加入員は、保険なしというわけにはいきませんので、政管健保に移行します。このように、保険者の規模は保険財政の安定的運営に大きな影響を与えます。国保も健康保険組合も、もう少し大きな単位に組み替える必要があります。その組み合わせの中で国が一元的に行っている政管健保との統合や分割も考える必要が出てくるでしょう。

給付と負担の公平化

現在、健康保険組合、政管健保、国保を通じて、給付と負担はバラバラな状態です。設立の経緯や沿革から、やむをえないものはありますが、加入する保険で給付と負担が異なるのは本来望ましいものではありません。給付と負担の公平化をはかるもっとも抜本的な改革は、すべての国民を一本の保険に強制加入させることです。あるいは、各保険制度の間で、完全な財政調整を行い、給付と負担も同じにすることです。

ここで一つの問題が生じます。税制上でいわれることですが、俗に「クロヨン」や「トーゴーサン」と呼ばれる、所得の捕捉の問題です。政管健保や組合健保の加入者は、ほぼ一〇〇パーセント所得を捕捉されています。自営業者の所得は、収入から必要経費を引いたもので、サラリーマンなどの給与所得控除などと異なり、不明朗さがつきまといます。必要経費を多く見積もれば所得は減少します。国民年金は、この問題から逃れるために、保険料は定額制です。国民健康保険は、世帯の所得に応じて保険料を徴収しますので、どうしても所得の捕捉率の問題から逃れられないのです。

全国民を一本の保険に加入させることや完全な財政調整を行って給付の一元化をはかっても、入口の保険料徴収のところで漏れがあると、負担の公平性が担保できません。このことは、所得を基準に費用（または利用料）を徴収している保育所や特別養護老人ホームなどの福祉施設にもあてはまります。納税者番号制の導入などで所得の捕捉を厳密にしていくことが、健康保険制度の給付と負担の公平化にもつながっていくのです。

高齢者の医療制度改革に向けた案

医療制度改革の焦点が、老人保健制度の改革にあることは衆目の一致するところです。改革の必要性は共通の認識であっても、改革の方向性はいまのところ一致していません。関係者の利害が対立するからです。改革案として、次の四つの方法が提案されています。

①全高齢者を対象とした独立の保険制度を創設する。

②高齢退職者等が被用者保険制度、国民健康保険それぞれに継続加入する。

③現行老人保健制度の基本的枠組みは維持し、年齢構造リスク調整方式を導入する。
④医療保険制度を全国民を対象とするものへと統合し、その中に高齢者を位置づける。

このうち、④はいちばん抜本的な改革ですが、保険者をどうするのかなど具体的な構想はあまり出ていません。現実味がないと思われているのかもしれません。④と同じような効果を持つものが③の「年齢構造リスク調整方式」です。現行の老人保健制度が高齢者だけの加入率で財政調整を行っているのに対し、全年齢で財政調整を行う方式です。もっとも公平に近づく道ですが、前述した「所得の捕捉」の問題が残ります。

①は独立方式と呼ばれるもので、高齢者だけの保険制度をつくるものですが、国保以上に保険料収入は低く給付は多いので、多額の公費投入は避けられません。

②は突き抜け方式と呼ばれるもので、たとえば政管健保に入っていた人が退職後も政管健保に継続加入する方式です。税の投入に限界があるとすれば、必要なのは保険者間の合理的な財政調整方式をみつけることのように思われます。その点、②は被用者・OBだけ別枠で、財政調整を拒否するものであれば、国民全体の利益から離れているように思われます。

①、③、④の方式は、税の投入に限界があるとの認識が一致すれば、おのずと一つのものに収斂《しゅうれん》していくのではないでしょうか。④を長期的な理想型として持ちつつも、当面、

財政調整の在り方を完全なものにしていく努力をしていく方法以外にないと考えます。

あまり、保険方式で対立するのも無益なように思われます。保険は医療を財政的に支えるものだからです。かかった医療費は誰かが支払わなければなりません。医療費総額をどのように割り振るか、という問題にすぎないからです。むしろ、効率的にいかに良質な医療を提供できるのか、そのために果たすべき保険の役割を論じていったほうが良いのではないでしょうか。

三方一両損の二〇〇二年度改革案

厚生労働省は、二〇〇二年度から、医療制度の抜本改革に取り組む予定でした。が、高齢者の医療制度一つとっても関係団体の意見集約ができず、抜本改革は先送りとなりました。ところが、老人医療費の増大によって、各健康保険の財政が危機的状況に陥りつつあり、何らかの財政的手だてが必要でした。そこで、厚生労働省の案として二〇〇一年九月、三方一両損の「医療制度改革試案」を打ち出し、二〇〇二年度から実施しようとしています。

三方の三つとは、患者、各医療保険(勤労者と企業)、医療機関、のことを指します。それぞれが増大する医療費負担の痛みを分かち合うことを意味しています。

まず、患者の負担増です。サラリーマンの医療費自己負担を二割から三割に引き上げます。高齢者医療制度(老人保健法)の対象年齢を七十歳以上から七十五歳以上に引き上げます。さらに、七十五歳以上の自己負担を一割とし、高所得者については二割とします(三千円から五千円の自己負担の上限は廃止)。この結果、七十歳から七十四歳までは老人保健法の対象からはずれ、自己負担は一割(上限付き)から一挙に三割になってしまいます。負担増が大きすぎるので当面二割とする案になっています。さらに、高額療養費の上限引き上げなども盛り込まれています。逆に負担減となるのは、乳幼児(三歳未満)の場合の自己負担を三割から二割に引き下げること、現役世代の薬剤費別途負担の廃止だけです。

次に、健康保険の保険料についても増収策(企業や勤労者にとっては負担増)がとられる予定です。健康保険料はボーナスを含めた年収を基準とする総報酬制になります。政管健保の保険料も二〇〇三年度から保険料率を引き上げることが盛り込まれています。

医療機関側にも診療報酬や薬価基準の引き下げを求めることとしています。国も高齢者医療費の国庫負担を現行の三割から五割にして負担を引き受ける姿勢を示していますが、対象が七十五歳以上に絞られるだけに実質的な負担増にはならないでしょう。

以上の案は、現時点では(二〇〇一年九月段階)、厚生労働省の案にとどまっています。また、実現への道筋も明かではありません。患者や保険者の負担増は明確ですが、医療機関や国がどういうかたちで負担を分かち合うかが明確ではないのです。これでは国民の大きな反発を受けるでしょう。診療報酬の引き下げは医療機関にとって減収となるだけに様々な抵抗が起き、結局実現できず、患者や保険者の負担増だけが残る懸念さえあります。

厚生労働省は保険財政の破綻を防ぐための現実的措置だと説明しています。が、二〇〇二年度から高齢者の医療制度や医療の供給体制も含め抜本改革に取り組む予定でした。負担を分かち合う必要はありません。ただし、それには医療の抜本改革に向けた道筋が明確となり、診療側も国も負担を分かち合うものでなければ、医療保険を支える国民の納得を得ることは難しいものと思われます。

この暫定的な改革案が保険財政を当面安定させることは確かですが、そのことで却《かえ》って抜本改革への取り組みが遅れることが危惧されるのです。

3章……年金保険制度をどうするか……

社会保険としての公的年金

年金は老後の所得を保障するものです。勤め人は勤めを辞めるとたちまち収入がなくなり、自営業者でも高齢になれば体力も低下し、収入は低下します。この収入の低下を補うのが公的年金です。年金は公的年金と個人年金などの私的年金に大きく分かれます。

私的年金とは、生命保険会社などが販売している個人年金などです。本人の支払った保険料とその運用収入が年金の原資となりますので、公的年金のような年金額の物価スライドは不可能です。

公的年金制度は社会保険として運営されています。保険を運営するのは国です。法人、個人を問わず、一人でも働いている事業所は被用者の年金（厚生年金と共済年金）に強制加入です。それ以外の人は、国民年金に加入します。

社会保険は、保険制度に加入した人に、保険からの給付を受ける権利を付与します。権利として給付を受けることができることから、負担と給付の結びつきが強いといわれます。もっとも、全額税で老後の所得保障制度を確立している国もあります。デンマークやニュージーランドなどです。

一九六一年に国民年金制度が確立され、いわゆる国民皆年金体制ができあがりました。

表3-1　現行の公的年金と私的年金の違い

	現行の公的年金	私的年金
目的	老後の所得保障の柱（社会保障）	より豊かな老後生活（個人の自助努力）
加入	強制加入	任意加入
給付	物価、国民生活の向上に応じて改定し、実質価値を維持	公的年金のような年金額の実質価値の維持は困難
支給期間	終身年金	有期年金が中心
年金の原資	本人および後世代の支払った保険料、運用収入、国庫負担（基礎年金の1/3）	本人の支払った保険料、その運用収入

その後、わが国経済の高度成長の成果もあり、年金は徐々に拡充されてきました。とくに、一九七三年は「福祉元年」といわれる画期的な拡充策が年金と医療の分野で行われました。年金では年金額の大幅引き上げ（五万円年金の実現）が行われるとともに、物価スライドと賃金スライド制度が導入されました。

賃金スライドは、年金を新規に受ける場合、その人の在職中の平均賃金（平均標準報酬月額）を出しますが、その際、その賃金を再評価することです。この再評価により、在職中の平均賃金の一定割合が保障されることになりました。賃金の再評価は、ほぼ五年ごとに行われる年金改正のたびに見直され、受給額に反映されます。物価スライドは、受け取る年金額を毎年の物価上昇率に応じて、引き上げるものです。前年の物価上昇率に対応して、年金額が引き上げられます。年金の実質的価値を維持しようとするものです。

ただし、この大改革により、わが国の年金はその性格を一変させました。それまでは、自ら積み立てた保険料に運用収入を加えたものが、老後の年金として返ってくるという「積立方式」で運営されていました。もっとも制度発足時は、年金受給者はほとんどいないことから低い保険料で出発することが可能です。したがって、わが国の年金制度も低い保険料から出発し徐々に保険料を引き上げていく段階保険料方式が採用されています。

物価スライドや賃金スライドの導入は、制度発足時には想定されておらず、積立方式では無理な仕組みです。この両制度の導入により、積立方式から、現役世代の保険料で年金受給者の年金をまかなう「賦課方式」への転換を行わざるをえなくなったのです。現行制度では、受け取る年金総額のうち、本人の積み立てた額（プラスその運用収入）は、約二割にすぎないといわれています。

1――公的年金制度の概要

公的年金制度の種類

公的年金制度は大きく二つに分かれます。サラリーマンなどの被用者(会社などに雇われて働く人)向けの厚生年金と農業者や自営業者などが対象の国民年金です。一九八六年の年金改正で、国民年金は厚生年金の一階部分と共通の基礎年金に再編成されました。厚生年金とほぼ同様の仕組みとなっているのが、公務員向けの共済年金です。その他私学に勤務している人たちの私学共済など、共済年金は五つ存在しています。私学共済と農林漁業者共済は、有利な給付設計を独自で行うために、昭和三十年前後に相次いで厚生年金から分かれました。厚生年金の給付額が共済年金と比較してきわめて低かったからです。

わが国の年金の大きな問題として、年金制度が分立していることがあげられます。自営業者と被用者と分立しており、さらに被用者の中でも五つの職域ごとに分立しています。

年金制度は、加入から受給が終わるまでは六十年以上もかかる、超長期の制度です。長い間には、産業や企業、職業の盛衰が必ず生じます。国鉄がその代表例です。国鉄は国鉄一家ともいわれ、年金も独自の共済を持っていました。モータリゼーションの進行で、国鉄の経営は大きく傾き、ついには民営化されました。国鉄共済も加入者の減少(従業員数の減少)と年金受給者の増大(退職者の増大)、さらには厚生年金よりも有利な給付設計などが原因となって、ついに年金財政は破綻《はたん》。最初はNTTや専売公社(現JT)という昔の公共事業体仲間の共済に助けられましたが、それでももたなくなり一九九七年には三共済ともに厚生年金に統合されました。
制度の分立は、このような企業、産業の盛衰を考慮すると望ましいことではありません。当面の策として、厚生年金グループと共済年金グループの二つのグループへの統合が日程にのぼる日も近いものと思われます。

公的年金制度の基本的仕組み

まず全国民共通の年金として、基礎年金があります。職域ごとにどんな年金に入っていても、基礎年金に入ることになります。この基礎年金が一階部分です。自営業者などが加入する国民年金は、一階部分の基礎年金だけの年金です。サラリーマンなど被用者の年金制度は二階建てで設計されています。これは、サラリーマンは自営業者などと異なり、会社を退職すれば収入がほぼなくなることから、従前の生活を維持するために、在職中の平均賃金の一定割合を年金で保障しようとするものです。一階部分の給付額は定額で、加入期間によって額が異なります。四十年加入で満額の約六万七千円(月額)がもらえます。

二階部分は報酬比例年金と呼ばれ、現役時代の標準報酬月額に応じて、年金額が決まる仕組みになっています。高い給与をもらっている人は高い保険料を払うようになっており、保険料支払いという制度に対する貢献に応じた給付をしようとするものです(貢献原則)。ど

図3-1　公的年金制度の体系（1999年3月末現在）

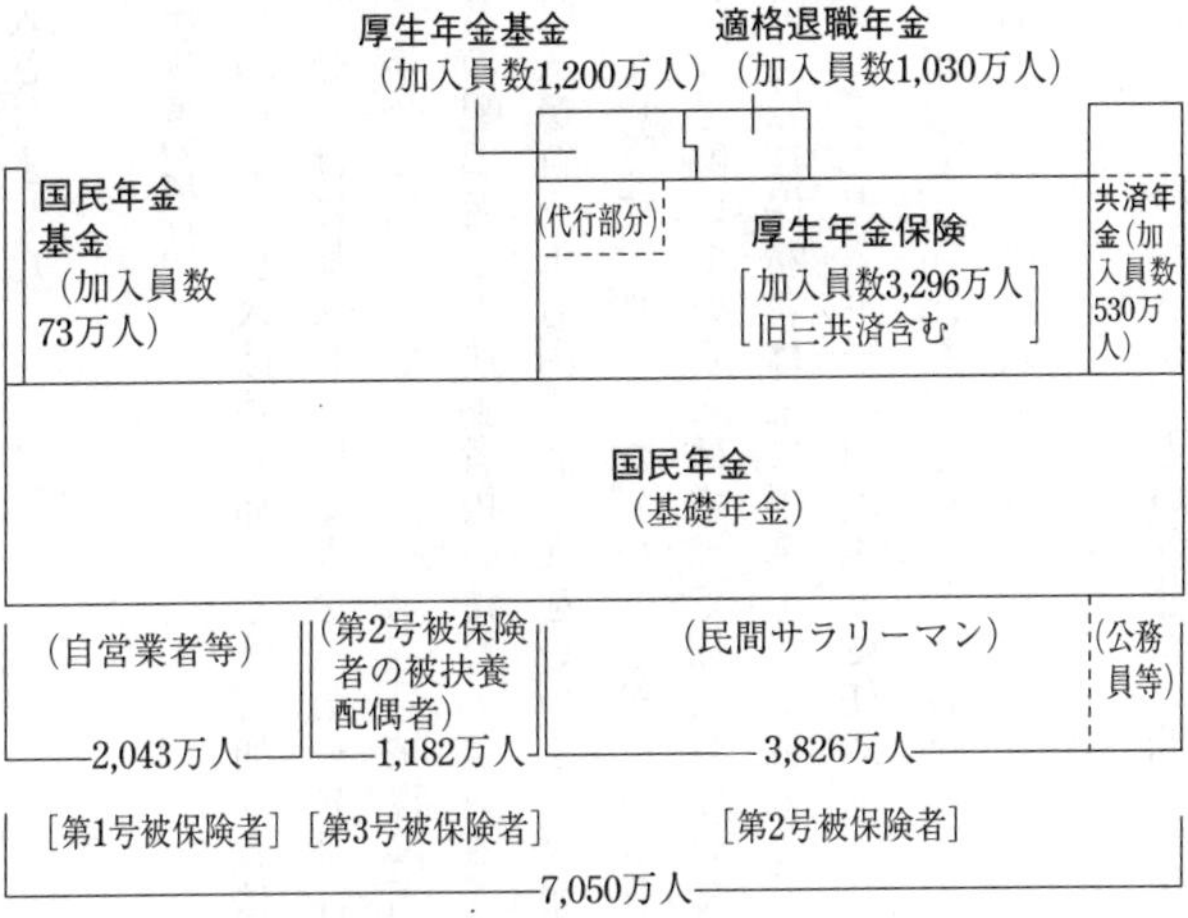

んなに高い保険料を支払っても同じ年金額しかもらえないとすれば、保険料を納めようとする意欲が薄れてしまうことを懸念しているのです。それでも定額の一階建てと報酬比例の二階建てとすることによって、所得の再分配が年金制度内で行われています。現役時代の給与の差がそのまま年金額には反映されません。

保険料は標準報酬月額に保険料率をかけて算出します。厚生年金では一七・三五％です。国民年金は定額の保険料で、現在月一万三千三百円です。将来はいずれも上昇します。

公的年金制度ではありませんが、企業年金として、厚生年金基金と適格退職年金があります。雇用の流動化に対応して、持ち運び可能な確定拠出型の企業年金が二〇〇一年から導入されました。

被保険者の種類

公的年金の加入は強制加入です。加入者は三種類に分けられます。基礎年金としての国民年金だけに加入している人を、第一号被保険者といいます。厚生年金や共済年金など被用者年金に加入している人を第二号被保険者といいます。第三号被保険者は、第二号被保険者の配偶者で被扶養者扱いになっている人です。被扶養者とは、健康保険と同じで、年の収入が百三十万円未満の人をいいます。第一号被保険者には、自営業者や農家などが加入しています。加入者数でいうと第二号被保険者が圧倒的に多く、民間企業で働く人や公務員など働いている人はすべて加入しています。

第三号被保険者は主に専業主婦が加入しています。一九八六年改正で基礎年金が導入されるまで、専業主婦は国民年金に任意加入していました。女性の年金権確立のため、保険料負担なし、届出だけで第三号被保険者となる途が拓かれました。現在では、第一号被保険者、第二号被保険者の保険料を支払っている女性の間から、保険料負担なしで年金がもらえるのは不公平だという声があがっています。この問題は、収入のない人の社会保険料負担はどうすべきか、という難しい問題をはらんでいます。厚生労働省では、女性と年金

図3-2　サラリーマンの標準的な年金額（夫婦2人、夫40年加入、妻専業主婦の場合）

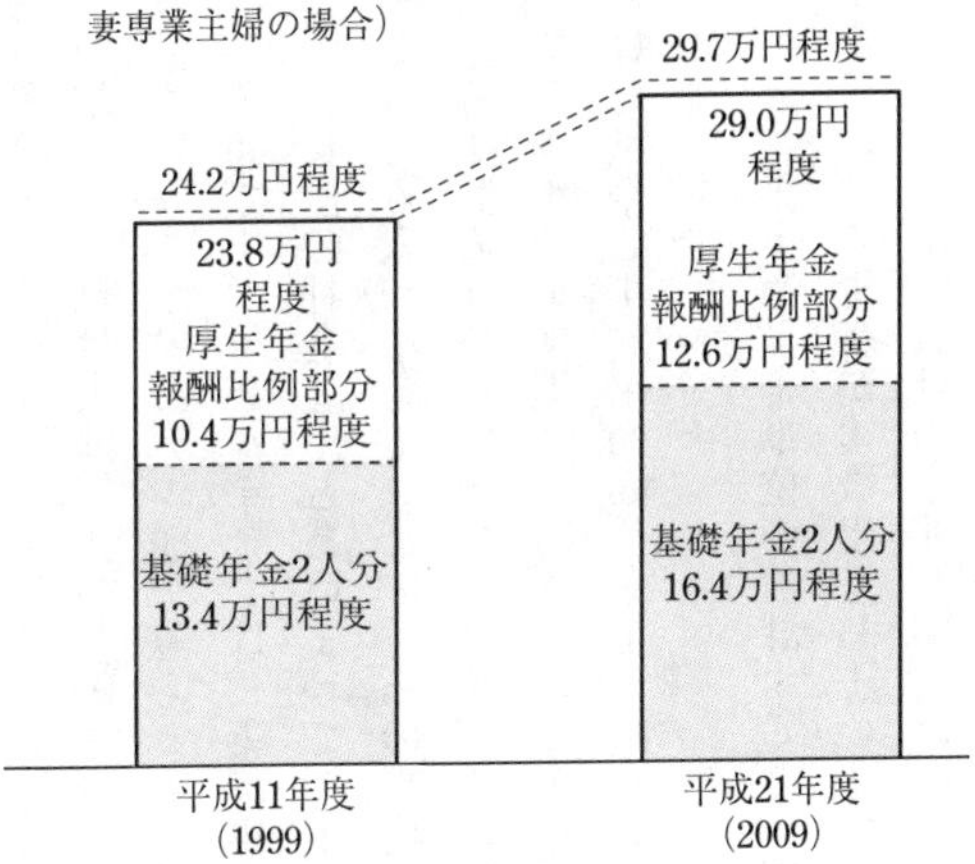

（注）前提…物価上昇率：年1.5%、手取り賃金上昇率：年2.3%

に関する検討会を設置して、二〇〇〇年から検討を開始しています。

給付の設計とモデル額

いったい公的年金では、いくらくらいもらえるのでしょうか。保険料を払った期間と賃金（正確には標準報酬月額）の違いが、老後の年金額に反映する仕組みになっているので人さまざまです。厚生省では四十年加入を前提に、モデル年金額を出しています。

厚生年金ですと、四十年加入、配偶者が基礎年金だけの場合のモデル年金額は、約二十四万円です。これは、従前賃金（その人が勤務期間中にもらっていた賃金）の平均額の約六八%に達しています。公的年金だけで、これだけの額が保障される仕組みになっているのは評価すべきことでしょう。諸外国と比較しても遜色がないどころか、むしろ高いほうだといえます。

ただし、これは夫婦二人の基礎年金を含んでいますので、単身者では配偶者の基礎年金分低くなります。モデル額を考える上で、もう一つ考慮しなければならないのが、配偶者の年金額です。モデル年金では、妻が専業主婦で満額の基礎年金をもらうことになっています。女性の社会進出とあいまって、主婦であっても若いとき働いた期間の厚生年金などをもらえる人が増えています。その平均加入年数は、現在のところ約五年です。女性の平均勤続年数の伸びに伴って、今後、この期間は伸びる傾向にあります。

モデル年金を極端に上回る額の年金をもらっている世帯も存在します。共働きをずっと続けた世帯です。平均的賃金を夫婦両者がもらっていた場合、四十年加入で三十五万円程度になります。

モデル年金を世帯単位で設計すると、現在は少数派ですが、将来はこのような高額の年金を受給する世帯が多数出てしまいます。今後の女性の平均勤続年数などの伸びを考えると、世帯単位の設計の是非が問われてきます。第三号被保険者の存在など女性の年金の在り方、遺族年金の在り方を含め個人単位化の論議とも関連する問題です。

図3-3　特別支給の厚生年金と老齢厚生年金の関係

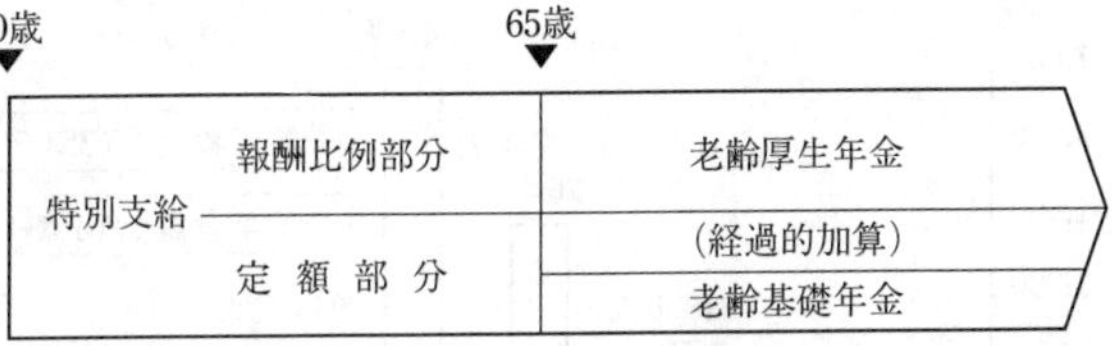

年金給付額の算出方式

厚生年金の給付額は次の方式で決められています（六十五歳以降からの方式）。一階部分は基礎年金として、国民年金、共済年金と厚生年金は共通です。一階部分は定額です。四十年加入で年八十万四千二百円（月額約六万七千円）が支給されます。加入月数が少ない場合は減額されます（六十五歳までの特別支給の厚生年金の一階部分は、定額部分と呼ばれ、生年月日によって決まっている「定額単価」に、被保険者であった月数をかけて年金額を算定します）。

一階部分が定額なのは、所得再分配を年金制度内で行っているからです。二階部分は報酬比例年金となっています。現役時代、給与が高く、保険料を多く支払った人が、年金も多くなる仕組みになっています。それに対し、一階部分は保険料を多く支払おうと同じ算式で計算しますので、加入期間が同じ人であれば、同じ年金額となります。

厚生年金の保険料は一階部分と二階部分と区別して徴収されていませんので、定額の一階部分と報酬比例の二階部分を組み合わせる

図3-4　厚生年金　老齢年金月額の階級別分布・男子（平成9（1997）年度末）

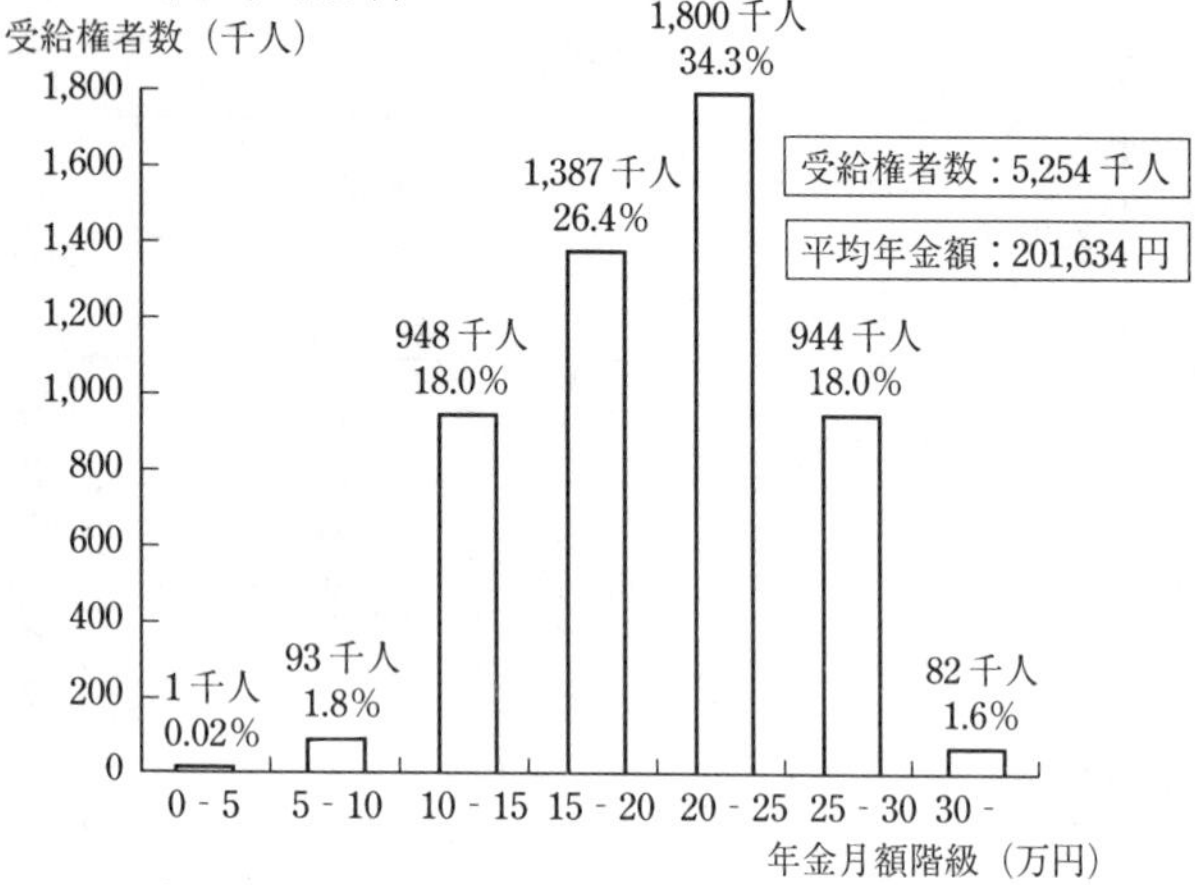

ことによって、所得の高かった人から低かった人への所得再分配が行われているのです。

二〇〇〇年改正では、報酬比例部分（二階部分）の五％一律適正化という、もう一段の給付引き下げが行われました。この改正は時間をかけて段階的に行う方法ではなく、引き下げ進行中の給付乗率に一律に五％の削減率を掛けるという少々荒っぽい方法でした。

平均標準報酬月額の求め方

正確に自分のもらえる年金額を知ろうとすると、現役時代の平均の標準報酬月額を知る必要があります。現役時代の平均標準報酬月額は次のように算出します。

まず、働いていた、それぞれの月の標準報酬月額を知る必要があります。年々物価は上昇し、賃金も上昇します。二、三十年前の給与をそのまま年金額の計算に用いると年金額は著しく低額になってしまいます。そこで、物価上昇率や賃金上昇率を年金額に反映させるため、賃金の再評価ということを行います。たとえば、一九八二年四月から八三年三月までの賃金は一・四八六倍するなど、各年代ごとに倍率が決まっています。

それぞれの月の賃金(標準報酬月額)に、この再評価率を掛けます。これで当時の賃金が現在の価値に直されます。この作業を働いていたすべての月で行います。こうして出された、再評価後の賃金をすべて足し合わせ、働いていた月数で割ると、平均の標準報酬月額が算出されます。つまり、平均標準報酬月額とは、その人の現役時代の給与を、現在の価値に直した平均月額です。なぜ、このようなことを行うのでしょうか。厚生年金が、働いていた人の従前生活を維持しようとする考え方があるからです。

正確な年金額を独力で計算しようとすれば、すべての給与明細表を保存しておかなければなりません。こんな人はほとんどいないでしょう。社会保険事務所にいけば、教えてもらえます。社会保険事務所は、社会保険庁の大型コンピューターにオンラインで結ばれています。この大型コンピューターにすべての被保険者の記録が保存されているのです。

給付乗率とは

給付乗率は、従前生活の維持ということと関係があります。一九八六年改正前は、給付乗率は千分の十でした。モデル年金の加入期間は四十年ですので、給付乗率に加入期間を掛けると、千分の四百、すなわち四〇％となります。厚生年金（報酬比例部分）の年金額は、平均標準報酬月額に【給付乗率×加入期間】ですので、カッコの中は四〇％になります。このことは何を意味するのでしょうか。

現役時代の平均給与の四〇％を、厚生年金（報酬比例部分）で保障しようとしているのです。実際に受け取る年金額は、これに基礎年金分が加わります。夫婦二人分の基礎年金を加えると、厚生年金では従前賃金の約六割を保障することになります。

給付乗率は現在も下がり続けています。一九八六年改正で、急激な給付水準の低下を避けるため、二十年かけて給付乗率の引き下げを行うように決めたからです。二〇〇六年で引き下げは完了します。千分の十が千分の七・五になるのです（二〇〇〇年改正で五％削減）。千分の七・五という給付乗率は、先の計算によると平均標準報酬月額の三〇％【千分の七・五×四〇年】を保障しようとするものです。

一九八六年改正は、いまから振り返るとずいぶん、思い切った給付水準の削減を行ったものです。もっとも、この背景には年金制度の成熟化、すなわち平均加入期間の伸びがありました。給付乗率が下がっても加入期間が伸びれば、受け取る年金額は変わらないのです。

もう一つ、これほどの削減が受け入れられたのは、基礎年金の導入で第三号被保険者制度が設けられ、専業主婦は保険料負担なしで基礎年金を受給できることになったこともありました。任意加入の国民年金の保険料負担がなくなりました。夫婦二人で考えると、給付は確かに下がりましたが、負担も軽減されたのです。

増え続ける保険料負担

給付があれば負担があります。これだけの給付を行うには、相当な負担が必要です。人々の賃金はさまざまですので、保険料を計算するには、賃金をいくつかのグループに分けた標準報酬月額を用います。現在、標準報酬月額は厚生年金では三十等級に分かれています。

保険料率は現在一七・三五％です。これは賃金（標準報酬月額）の額面にかかります。さまざまな手当や交通費なども含みます。所得税を計算するときには、給与所得控除、配偶者控除、扶養控除など種々の控除を行って課税所得を出し、それに税率を掛けます。この点で、社会保険料は控除がありませんので、所得税に比べて低所得者にきつい性格を持っています。

現行の給付をそのまま継続すると、負担は相当高くなることが予測されます。厚生年金

図3-5　厚生年金の保険料率の見通し

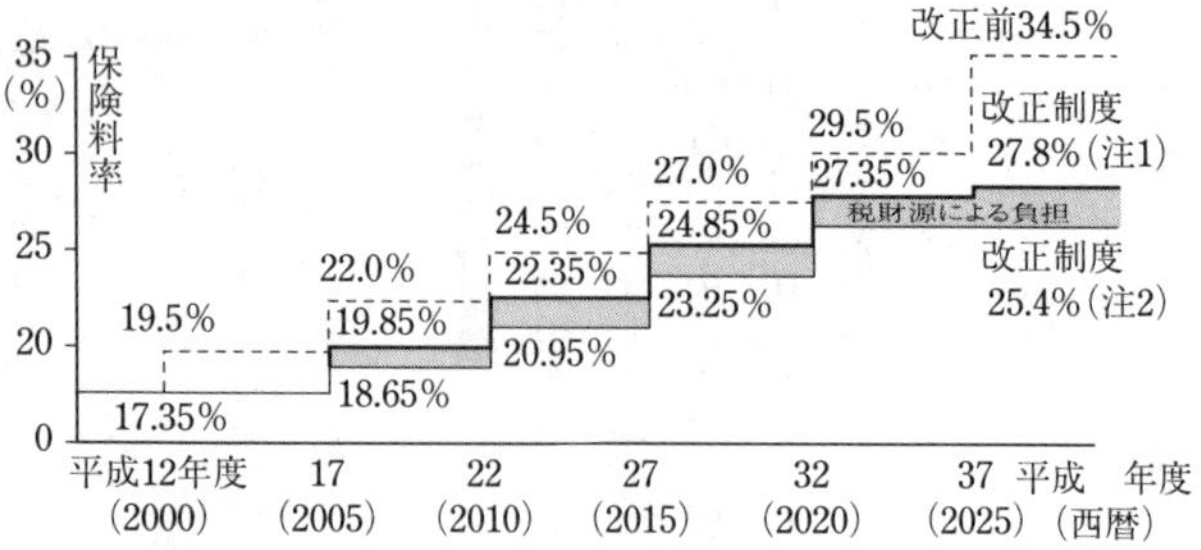

(注1) 保険料率5年間据置き　国庫負担割合1/3
(注2) 保険料率5年間据置き　国庫負担割合1/2に引き上げ　保険料率1%軽減（5年後）
国庫負担割合を1/2に引き上げるためには、基礎年金全体で、引き上げ分として、平成16年度2.7兆円（満年度ベース）、平成37年度3.8兆円の税財源の確保が必要となる（平成11年度価格）。
(注3) 保険料率は、すべて標準報酬ベース

は五年ごとの財政見直し（財政再計算）が、厚生年金保険法で規定されています。

最近は一九九八年に行われました。この計算によると、二〇〇〇年改正前の制度を前提にすると、二〇二五年には保険料率は約二倍の三四・五%にも跳ね上がることが予測されていました。二〇〇〇年改正後も二七・八%という高い負担です。このような重い負担に本当に現役世代が耐えられるかどうか、このことが今日の年金改正論議の大前提になっています。

2——最近の三つの年金改正

通常、五年ごとの財政再計算を受けて、年金改正が行われます。近年の改正に、年金制度が直面する課題が表れています。若干過去を振り返り、将来の課題を考える参考にしましょう。

一九八六年・年金改正——創設以来の大改革——

一九八六年改正は、厚生年金法が戦後改正されて以来の大改正でした。直接のきっかけは国民年金の財政危機でした。このまま推移すれば、確実に国民年金は破綻してしまう状況でした。厚生年金は財政的にはまだ余裕がありましたが、当時の給付水準のまま推移すれば、現役の平均賃金より年金世帯の平均収入のほうが上回ることが予測できました。そこで、国民年金を国民共通の基礎年金として再編成しました。実質は、被用者年金グループから国民年金への財政支援です。

厚生年金も段階的な給付水準の引き下げが行われました。二十年かけて給付乗率を千分の十から千分の七・五へと切り下げます。じつに二五％のカットでした。生年月日ごとに段階的に給付乗率が下がっていきます。二〇〇六年に引き下げ作業が終わります。

基礎年金の水準はどのくらいが適切なのか、現在でもよく議論されるテーマです。基礎年金導入時には、その水準はどのように決められたのでしょうか。基礎的な消費水準をまかなうだけの給付と説明されました。総務庁(当時総理府)の家計調査を用いて、衣食住のうち、住をのぞいて、基礎的な消費水準をみました。その結果、四十年加入の満額で一人当たり月五万円、夫婦二人で十万円と決められました。毎年物価スライドが行われます。基礎年金だけで生活するには不十分な額ですが、公的年金は老後の所得保障の一部だと考えられています。この点で、貧困に陥った人の自立を支援するために、生活費すべてを保障しようとする生活保護制度と決定的に考え方が異なるのです。

この改革で、基礎年金と厚生年金(報酬比例部分)を合わせた、給付水準は従前賃金の六九%となりました。この給付水準を、賃金スライドと物価スライドで維持しようとしました。

もう一つ大きな改革は、基礎年金制度の導入に伴い、従来、国民年金に任意加入であった専業主婦などが第三号被保険者と位置づけられ、本人の保険料負担なしで、加入期間さえ満たせば基礎年金が受給できるようになったことです。

一九九四年・年金改正

一九八六年改正では、給付水準の引き下げが行われましたが、もう一つの大きな課題が厚生年金支給開始年齢六十五歳への引き上げ問題でした。一九九〇年改正でも提案されました。法律本則では支給開始年齢は六十五歳と明記されましたが、附則で当面の間、特別支給の老齢厚生年金を六十歳から支給すると定められました。

支給開始年齢引き上げ問題は、一九九四年改正に先送りされました。年金財政の安定化をはかるには、支給開始年齢引き上げ問題は避けて通れない課題でした。高齢者の雇用環境が厳しい中、雇用と支給開始年齢の接続を望む声も強く、一律に六十五歳に引き上げることは不可能な情勢でした。結局、六十歳代前半層に「別個の給付」を導入することで決着しました。別個の給付は、報酬比例部分だけが支給されることになり、二〇〇一年から一階部分（厚生年金の定額部分）は三年に一歳ずつ引き上げられることになりました。

もう一つ重要な改革は、可処分所得スライド制の導入です。従来の賃金スライドは、賃金の上昇をそのまま反映したものでした。社会保険料負担が重くなると、現役労働者の可処分所得は下がります。賃金の上昇分をそのまま年金額の改定に用いると、年金受給者と現役労働者の可処分所得が徐々に接近してしまいます。公的年金控除が手厚く、年金受給者の税・社会保険料の負担はきわめて低いからです。そこで、社会保険料控除後の可処分所得の伸び率にスライドするよう、賃金スライドの方式を変えたのです。

二〇〇〇年・年金改正の内容

二〇〇〇年改正は、三つの国会をまたいで、難航に難航を重ねました。給付総額の約二割を削減することを目標にしていたからです。主に給付水準の五%削減と支給開始年齢の引き上げで給付総額二割削減を行いました。現役世代の賃金上昇の成果を、年金額に反映させようとする賃金スライド制が廃止されました。ただし、将来において、物価スライドだけで改定していった年金額と六十五歳以降も賃金スライドを行った場合の年金額との乖《かい》離《り》が過大にならないよう、必要に応じて賃金スライドを行うことにしています。政策的な改定が可能な余地を残しているのです。

前回改正からの懸案であった基礎年金の国庫負担率二分の一(現行三分の一)への引き上げ問題は、「財政方式を含めてその在り方を幅広く検討し、当面平成十六年までの間に、安定した財源を確保し、国庫負担の割合の二分の一への引き上げを図るものとする」と玉虫色の表現になり、またも先送りされました。

結局、近年の改正を通じて行われてきたのは、給付水準を引き下げ、支給開始年齢を引き上げることでした。年金の給付総額をなんとか削減しようとしてきたのです。一九八六年改正で抜本的な改革は行われましたが、当時の将来人口予測を上回るスピードで高齢化が進展しました。高齢化と同時に予想以上に少子化が進み、将来の年金世代を支える人が

図3-6　年金は何歳からもらえるか

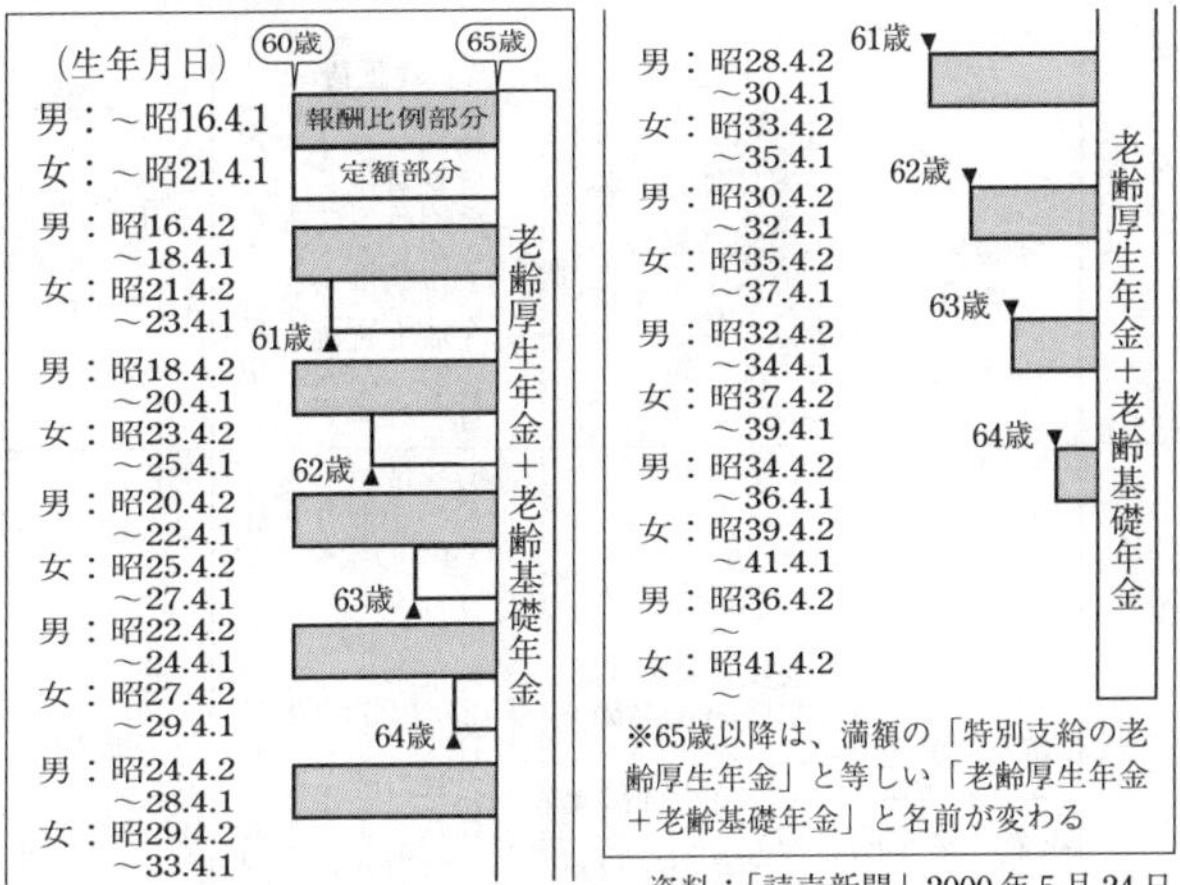

※65歳以降は、満額の「特別支給の老齢厚生年金」と等しい「老齢厚生年金＋老齢基礎年金」と名前が変わる

資料：「読売新聞」2000年5月24日

減ってきます。保険料負担の増大は避けられません。

税金の際限ない投入が可能であれば別の方策があったかもしれません。が、それは不可能です。基礎年金の国庫負担率の三分の一から二分の一への引き上げも財政当局の強い反対から実現していません。これを実現するには、社会保障に限らず、公共事業をはじめ歳出構造全体の見直しと消費税の税率引き上げ等税制全体の見直しが不可欠のように思われます。

年金改正に打ち出の小槌はありません。年金受給者と負担する現役労働者、制度運営の責任を持つ国が高齢化に伴う負担を分かち合う他ありません。現役労働者は保険料の段階的引き上げというかたちで負担しています。

表3-2　2000年年金改正内容

		改正前	改正後	
65歳以上の人 すでに年金を受けている人	年金額の改訂	毎年の物価スライドに加え、制度改正時に、基礎年金は政策改定、厚生年金は手取り賃金スライドを実施	➡ 物価スライドだけを実施 今回改正により年金額が下がるわけではなく、今後も物価上昇に応じた改定が行われます	平成12年(2000)4月から実施
65歳未満の人 これから年金を受ける人	新たに裁定される厚生年金の給付額	—現役世代の手取り年収の62%の水準— 厚生年金（報酬比例部分）の給付乗率＝7.5/1,000(生年月日により異なる)	➡ —将来的にも現役世代の手取り年収の59%の水準を維持— 給付を5%適正化。給付乗率＝7.125/1,000（生年月日により異なる)。ただし、改正前の計算式による年金額（従前額）を経過措置として保証するため、今回改正により年金額が下がるわけではなく、従前額も今後物価上昇に応じた改正が行われます	平成12年(2000)4月から実施
	裁定後の年金額の改定	毎年の物価スライドに加え、制度改正時に、基礎年金は政策改定、厚生年金は手取り賃金スライドを実施	➡ 65歳以降は、物価スライドだけを実施	平成12年(2000)4月から実施
	在職中の厚生年金	65歳未満で在職中の人は、在職老齢年金制度によって年金額を調整。65歳以降は年金を全額支給	➡ 65歳未満で在職中の場合の取扱いは変更なし 平成14(2002)年4月1日以降に65歳に達する人については、65歳から69歳までで在職中の場合、新たな在職老齢年金制度によって年金額を調整。基礎年金は全額支給 70歳以降は年金を全額支給	平成14年(2002)4月から実施

	改正前	改正後	
厚生年金の保険料	保険料率17.35%	変更なし(17.35%)	
厚生年金の保険料算定のベース	月給（標準報酬月額）をベースに納付＝17.35%（会社と個人で折半）。ボーナスからは給付に反映されない特別保険料を納付＝1%（会社と個人で折半）	月給からもボーナスからも同一の保険料率で保険料を納付＝13.58%（会社と個人で折半）。すべて給付に反映されますが、その分給付乗率が調整されます	平成15年(2003)4月から実施
在職中の厚生年金の保険料	64歳まで保険料を納付	69歳まで保険料を納付	平成14年(2002)4月から実施
育児休業期間中の厚生年金の保険料	本人負担分だけが免除	本人負担分に加え、会社負担分も免除	平成12年(2000)4月から実施
標準報酬の上下限	92,000円から590,000円までの30等級	98,000円から620,000円までの30等級	平成12年(2000)4月から実施
国民年金の保険料	月額13,300円	変更なし（月額13,300円）	
国民年金の保険料免除制度	住民税非課税者等を対象に全額免除	全額免除制度に加え、一定の所得以下の人には半額免除制度を導入	平成14年(2002)4月から実施
学生の保険料	親元の所得等によって免除	本人の所得が一定以下の場合、申請によって国民年金保険料の納付を要しないものとする。学生納付特例期間の各月から10年間は、保険料の追納ができます	平成12年(2000)4月から実施

年金受給者も若干かつ段階的な給付水準の引き下げと支給開始年齢の引き上げは、容認すべきだと思います。国も国庫負担率の増大というかたちで痛みを分かち合うべきでしょう（もっとも、国といっても最終的には国民の負担になるわけですが）。

3――年金制度の課題　信頼と安心

長期的に安定した制度とは

一九八〇年代の見直しからは、給付水準の引き下げと支給開始年齢の引き上げ、保険料の段階的引き上げが繰り返し提案され、その大部分は実現してきました。公的年金制度の定期的な見直し自体は、必要なことです。人口構造の将来見通し、就業構造の変化、経済の成長率などから年金制度は大きな影響を受けるのです。それらの変化を制度に織り込み、長期に安定した制度を構築する必要があるからです。

ただし、見直しのたびに給付の引き下げと負担の引き上げが提案されることが、国民の年金に対する不安と不信を醸成しています。厚生省が年金制度の危機と改革の必要性を強調すればするほど、国民の不安と不信は増大するという皮肉な結果となっているのです。国民の不信は、国民年金への未加入者、保険料未納者の増大というかたちになって表れています。

年金制度でなによりも重要なのは、制度に対する国民の信頼です。一人一人をみても、加入から受給が終わるまで、五十年から八十年くらいかかわりをもつ制度です。その制度の基盤がグラグラしているのでは、国民は長期の生活設計を立てることができません。国民の信頼を回復し、持続可能な制度とするにはどうしたらよいのでしょうか。

老後の生活を支える三つの柱

老後の所得保障には、三つの柱があるといわれます。第一は公的年金です。第二は、貯蓄(貯蓄的性格の強い個人年金も含む)、第三は、退職給与すなわち退職金と企業年金です。これらを適切に組み合わせて、豊かな老後生活を築いていく必要があります。もっとも、豊かな老後を送るには、現役時代に豊かな収入がなければ実現できないのは当然ですが……。

公的年金は重要な柱ですが、三本の中の一つの柱です。公的年金だけに過度に期待することは適切ではありません。なぜなら、賦課方式の下で、高齢者への高い給付は、その裏返しとして現役世代の重い負担を意味するからです。一足先に高齢化を迎えたヨーロッパでも年収の二〇%を大きく超える保険料率を課している国はありません。もっとも高いドイツで約二〇%です。

公的年金の給付水準を考えるうえで、もっとも重要なのは「給付と負担のバランス」です。誰もが給付水準の引き下げには反対するでしょう。自分の利益が減少する政策を喜ぶ人はいないからです。しかし、個別利益の積み重ねが国民全体の利益につながるものでないことは明らかです。国の財政には制約があり、国民の保険料負担能力には限界があるからです。公的年金、貯蓄、退職金（企業年金）の三つを適切に組み合わせて、豊かな老後を送れるよう、現役時代から努力していかなければならないのです。

現役の平均賃金に対する、モデル年金の額の割合を「所得代替率」と呼びます。現役の月収のだいたい何パーセントを、年金で保障するのか、という基本設計です。これまでおよそ現役の平均賃金の約六割を年金で保障するという考え方で、モデル年金は設計されてきました。加入年数の伸びなどで六七～六九％にまで達するようになりました。

現役世代の可処分所得

二〇〇〇年改正後の給付水準でいくと高齢化のピーク時には、月収の約二七・八％（本人負担は二分の一）が年金だけで引かれます。現役世代が給与から引かれるのは年金保険料だけではありません。健康保険の保険料率は政管健保で八・五％（本人負担四・二五％）。これに二〇〇〇年四月から介護保険料が加わりました。政管健保では〇・九三％です。近年の保険財政の赤字傾向からみると、健康保険と介護保険で保険料率が一〇%を超えるのは間近でしょう。

保険料だけではありません。現役世代の肩には税金が重くのしかかります。個人の所得にかかる主なものは、所得税と住民税です。種々の控除で課税所得は下がりますが、最低税率は所得税一〇%、住民税五%です。このように、賃金が少しくらい上がっても現役世代の可処分所得はたいして増えない傾向になりつつあります。現役世代が給与から引かれるのは、社会保険料や税金など公租公課だけではありません。

個人の生活はさまざまですが、必然的に必要な費用も多くあります。家計で固定費と呼ばれるものです。たとえば日本人の九割以上が加入しているといわれる生命保険です。生命保険料も加入年齢や貯蓄的要素の有無で相当異なりますが、普通で一、二万円、多くて三万円台の保険料を支払っている人もいます。民間保険でいえば、自動車の自賠責保険料もあります。その他火災保険など損害保険等に加入している人も多いでしょう。

子供を持つ家庭でたいへんなのが、教育費の負担です。子供の数が多ければ多いほど経済的負担は重くなります。さらに、住宅ローンや家賃など住宅費の負担も重いものがあります。

三十歳、四十歳代の働き盛りの世代は、給与から税と社会保険料、民間の保険料、教育費、住宅費などさまざまな費用を支払った後の額から、なんとか生活費を捻出しています。一部の人を除いて、大多数の人はとても余裕のある生活ぶりとはいえません。

年金額は保険財政に余裕があれば、高ければ高いほど良いのでしょうか。賦課方式の下では、現役世代の保険料から高齢者の年金のほとんどは支払われています。年金額を決めるうえでもっとも重要なことは現役世代とのバランスであるように思われます。高い給付を維持するためには、高い負担が必要なのです。負担を続けた見返りとして給付を受ける権利が生まれます。現役世代の生活状況、負担能力に応じて給付も決まっていかざるをえません。「まず、給付ありき」ではないように思います。わが国では、保険料を支払っている被保険者と年金受給者との比率は、現在四対一ですが、二〇二五年頃にはほぼ二対一になります。税金など他からの大幅な財政投入がないとの前提で、年金受給者が増加すれば、年金額を維持するには、保険料を上げるか、平均賃金を上げるか、払う人を増やすか、という三つの選択肢しかありません。

適切な給付水準の設定

年金は超長期の制度です。個人の生活設計にも大きな影響を与えます。これが、一年単位で決算を行う短期保険の健康保険などと異なるところです。老後生活を豊かに暮らそうとすると現役時代から貯蓄や投資に励まなければなりません。

この年金水準が五年の改正ごとにころころと変わっていたのでは、とても長期的な生活設計はできるものではありません。ところが、近年の年金改正では、ほぼ十年ごとに大きな年金水準の改正、すなわち切り下げが行われてきました。国民はどこまで下がるのか不安を持っています。この不安を解消することが老後の安心につながります。

年金水準を考えるうえで、重要な視点は、水準そのものよりもむしろ「水準の固定化」のように筆者には思われます。国際的な水準（ＩＬＯ一二八号条約では年収比四五％）をクリアしたうえで、長期に維持できる水準を定め、それを国民に約束することです。

では、年収ベースでどのくらいの給付水準が適切なのでしょうか。この問いにはこれという絶対的な答えはありません。が、給付と負担のバランス、水準をできるだけ固定するという視点、現在の保険財政の厳しさ、制度の簡略さからは、現役の平均年収の半分程度を公的年金で保障する、ということを国民に約束することが適切なように考えられます。

二〇〇〇年改正で年収比約五五％となりましたが、賃金スライドの廃止で長期的には四八％に下がっていくと予測されています。五〇％前後の水準になった時点で、これ以上の引き下げを行わないで済むよう手を尽くすべきでしょう。

ドイツは与野党で「年金を政争の具にしない」との合意があるそうです。年金改正に打ち出の小槌はないからでしょう。現役もＯＢも国も「高齢化の痛みを分かち合う」気持ちを持つことが、年金を安心できる制度へと改革していくために、不可欠なことのように思います。

第三号被保険者の問題

二〇〇〇年改正で、給付水準の適正化と支給開始年齢の六十五歳への引き上げが決まり、長年の課題が一応の決着をみました。もっとも、いっそうの少子化が進行すると、さらに給付水準の引き下げが行われる可能性があります。次期年金改正は二〇〇四年に行われる予定です。公的年金をめぐる残された課題にはどういうものがあるのでしょうか。

まず、第三号被保険者の問題です。主に専業主婦の人たちが第三号被保険者になっています。女性の生き方や働き方が多様化するにつれ、働いている女性から、保険料負担なしで基礎年金が受給できるのは不公平ではないか、との批判が出ています。

これは、社会保険で収入のない人たちをどう位置づけるか、という問題です。収入のない人から保険料はとれないからです。第三号被保険者制度が導入される前は、国民年金に任意加入する制度でした。任意加入ですと、加入しない人が出てきます。当時は無年金の妻の問題がクローズアップされていました。すなわち、国民年金に加入せず、高齢で離婚

図3-7　基礎年金の導入による年金権の分割

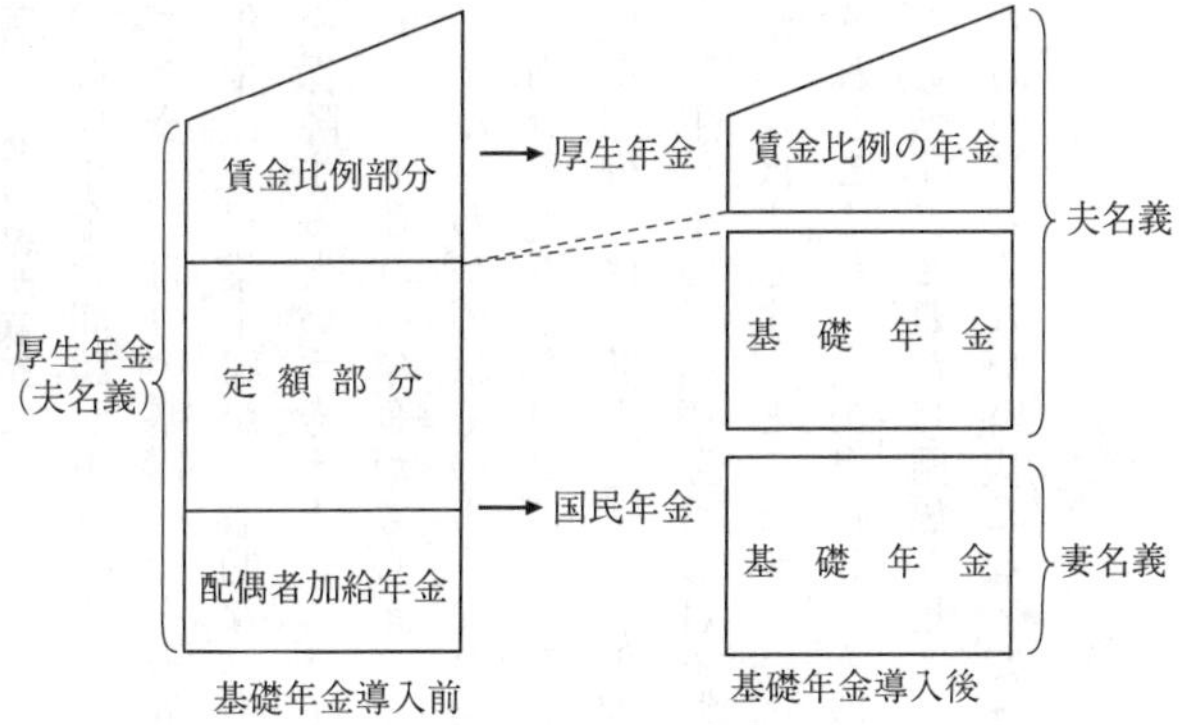

資料：堀勝洋『年金制度の再構築』（東洋経済新報社）

した妻は、夫の厚生年金による保障もなく、遺族年金も受給できず、国民年金もなかったのです。妻の年金権の確立が叫ばれました。第三号被保険者には、夫の厚生年金の定額部分を分割して、保険料負担なしで基礎年金を受給できるようにした経緯があります。第三号被保険者の問題は、単純に働いている人とそうでない人の公平論ではかたづけられない問題があるのです。

女性の生き方、働き方は男性に比べてずっと多様です。多様な生き方の中で、収入のない人たちにいかに年金権を確立するか、女性の働き方、平均賃金や勤続年数などの状況をみつつ、次期改正までに真剣に検討すべき課題です。

遺族年金、年金分割が課題に

次に、遺族年金の問題があります。厚生年金の報酬比例部分の四分の三が遺族年金として受給できます。自分の基礎年金と遺族年金を合わせた額が年金額となります。

遺族年金は、専業主婦が一般的な社会では女性の年金が低いという問題から、夫死亡後の所得を保障するという考え方からきています。本来、女性の賃金が高く、働いた期間が長くなれば、人並みの年金がもらえるようになります。そうなれば遺族年金は必要なくなります。まだ、わが国はそのような社会になっていません。遺族年金の不合理な部分を直しつつ、当分存続させなければならないでしょう。

不合理な部分とは、高齢で離婚した場合、遺族年金の受給権がなくなるという問題です。長年、厚生年金の受給権を得られる期間、働き続けることができたのは、配偶者の貢献も大きかったはずです。ところが、高齢で離婚した場合、この貢献はまったく評価されません。それどころか、夫が再婚し、その後死亡した場合、新しい妻のほうに遺族年金は支給されるのです。これだけ離婚が増えてくると、結婚期間に比例した遺族年金の分割を、考慮しなければならない時代になったといえるでしょう。

4——企業年金と確定拠出年金

企業年金の種類

　公的年金と密接に関係するものとして、企業年金があります。これには、主に厚生年金基金と適格退職年金があります。これらは公的年金に上乗せされる私的年金です。本来、企業年金は退職金の原資の一部または全部が振り代わったものです。ただし、退職金は企業が倒産したときなど支払われなくなる可能性が高いのに対し、企業年金は外部の信託会社などに積み立てますので、労働者にとって支払いが確実になるメリットがあります。企業側も退職金の負担を、年に一定額を積み立てることによって、平準化することができます。税制上、積立金の一定割合を損金算入することができるようになってから、急速に普及しました。

　厚生年金基金は、老齢厚生年金の一部(物価スライドおよび賃金再評価分を除く)を代行し、上乗せ部分として基金独自の給付を行います。基金の給付は、代行部分と上乗せ部分を一体のものとして行います。代行部分と上乗せ部分の給付を行うため、基金を設立する事業主は、基金に掛け金を納付します。この際、基金を設立する事業主は、代行部分をまかなうため、厚生年金本体の保険料納付が一部免除されます(免除保険料)。免除された保険料は基金に納付します。現在、免除保険料率は、三・二%から三・八%の範囲で、各基金が加入員の年齢構成等を考慮して、独自に設定できるようになっています。

適格退職年金は、厚生年金基金ができる前からあった企業年金です。厚生年金基金が法律に基づく制度で、比較的、設立要件や受給要件などが厳しく決められているのに対し、企業の独自判断で制度を設計できる範囲が大きくなっています。税制適格年金といわれるように、税制上の一定の要件に適格すると認められ、保険料は損金算入ができます。ただし、厚生年金基金と異なり、積立金の運用収入に一%の特別法人税がかかります。

確定拠出型年金

企業年金制度は、国際会計基準による「退職給付債務」を年々のバランスシートに記載し情報を公開することが義務づけられたことや、雇用形態の多様化による労働移動の増大によって曲がり角にさしかかっています。従来の確定給付(給付を約束し、変更できない)制度では、積立金の運用結果がよくないと、約束した給付を年金財政の中では支払うことができず、企業が補填しなければならなくなります。

また、企業年金を受給するには一般に勤続二十年以上など条件がつけられています。退職金も勤続年数が長くなればなるほど有利な設計になっています。途中で退社すると、それまでの一定の権利(勤務年数に比例した受給権)は、放棄せざるをえません。そこで、持ち運び可能な「確定拠出年金」の導入が要請されてきたのです。確定拠出型年金は、月々拠出する金額は決まっていますが、受け取る年金額は決まっていない年金のことです。

一方、確定給付型年金は、受け取る年金額があらかじめ決まっている年金です。拠出するお金をまとめて運用します。運用時の利子率は時々の経済情勢により変化します。さまざまな要素を計算して、確定給付型の場合、年金額を設定します。が、長期間、利子率が落ち込むと、あてにしていた運用利益が生み出せず、約束した給付を守るためには、拠出額をあげる以外ありません。これが企業の債務となってきます。企業経営者も企業年金の財務状況に無関心でいられなくなってきたどころか、多額の年金債務が企業の格付けや経営を左右する時代となりました。

そこで時々の経済情勢で債務が発生するような確定給付型の年金ではなく、拠出だけ決まって受け取る給付は決まっていない確定拠出型年金の導入を要望する声が、企業経営者側から高まってきました。アメリカに四〇一kというお手本がありました。金融界もおりからの不況とバブル時代の不良債権処理のため、経営状況が悪化していました。日本版四〇一kの導入は民間での資金蓄積を促します。運用は企業や個人が依託した金融機関が行うからです。

図3-8　確定拠出年金の対象者・拠出限度額と既存の年金制度への加入の関係

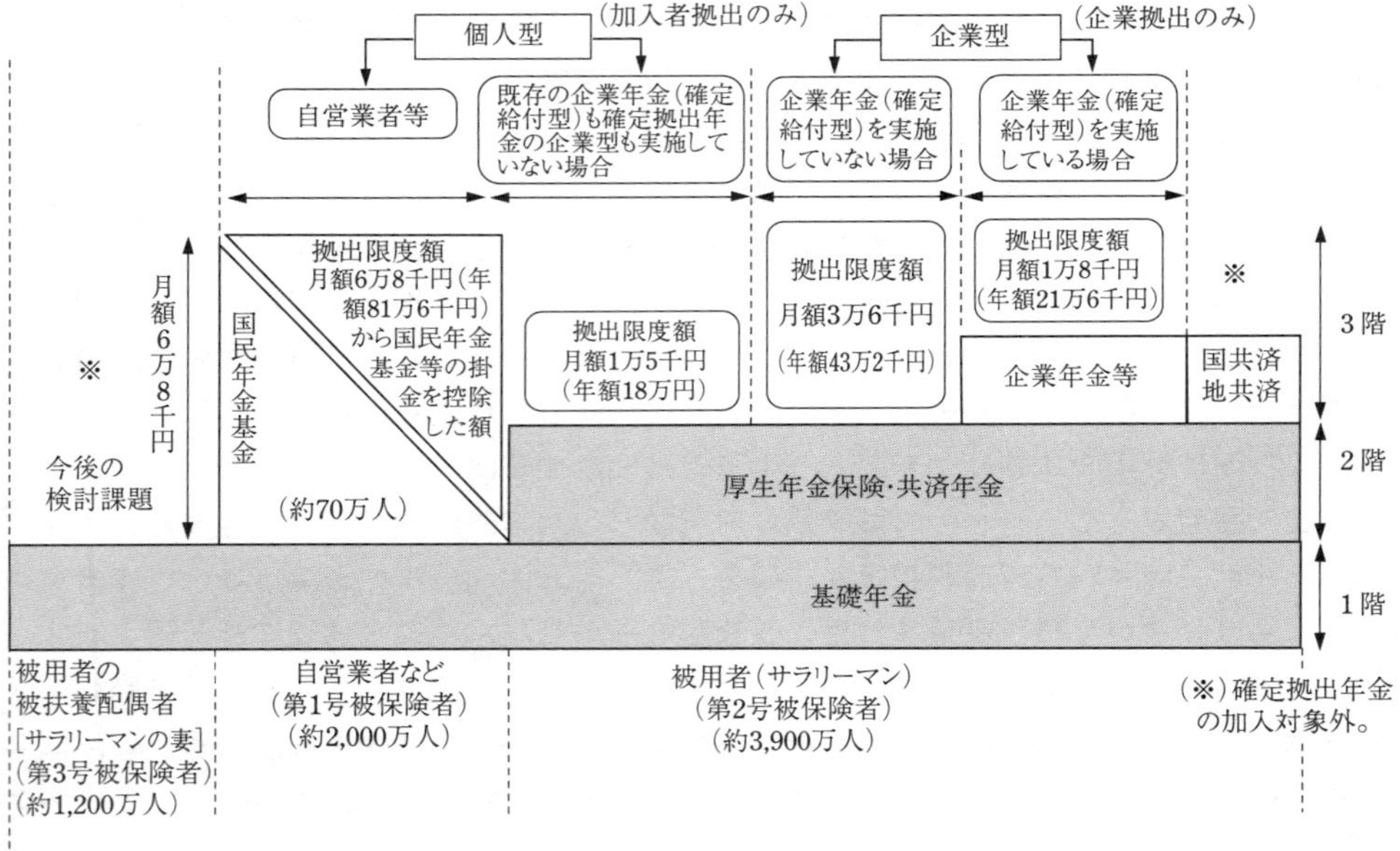

個人型
(加入者拠出のみ)
企業型
(企業拠出のみ)
自営業者等
既存の企業年金(確定給付型)も確定拠出年金の企業型も実施していない場合
企業年金(確定給付型)を実施していない場合
企業年金(確定給付型)を実施している場合
月額6万8千円
※
今後の検討課題
国民年金基金
拠出限度額 月額6万8千円(年額81万6千円)から国民年金基金等の掛金を控除した額
(約70万人)
拠出限度額 月額1万5千円 (年額18万円)
拠出限度額 月額3万6千円 (年額43万2千円)
拠出限度額 月額1万8千円 (年額21万6千円)
※
企業年金等
国共済 地共済
厚生年金保険・共済年金
基礎年金
3階
2階
1階
被用者の被扶養配偶者 [サラリーマンの妻] (第3号被保険者) (約1,200万人)
自営業者など (第1号被保険者) (約2,000万人)
被用者(サラリーマン) (第2号被保険者) (約3,900万人)
(※)確定拠出年金の加入対象外。

ただし、この制度が普及していくには、アメリカのように拠出金に対する税制上の優遇措置が不可欠です。税制上の優遇措置の導入には、有力な反論があります。個人の拠出は貯蓄にちかい、との意見です。貯蓄に対し、税制上優遇措置をとる理由はありません。個人の資産形成に国が援助する理由はないからです。確定拠出型年金への税制上の優遇措置導入は、二〇〇〇年度予算編成時、税制改正の一つの焦点になりました。その結果、かなり制限されたものとなりました。企業年金をもつ従業員個人の拠出分については、優遇措置はいっさい認められませんでした。

確定拠出型年金を導入する法案は二〇〇〇年の通常国会に提出されましたが、審議未了、次の臨時国会でも審議未了となり、二〇〇一年通常国会でようやく制定されました。

企業が確定拠出型年金を採用し、従業員のための掛け金を負担する際の非課税(損金算入)枠は、他の企業年金を導入していない場合で従業員一人当たり年四十三万二千円、導入している場合で同二十一万六千円。自営業者も、国民年金基金の保険料と合わせ年八十一万六千円の非課税枠が認められました。積立金は運用時、非課税。給付時も年金方式なら、公的年金等控除を適用します。公務員や第三号被保険者は、加入対象外となりました。

従来からあった確定給付型の年金についても、「確定給付年金法」が制定されました。企業年金(確定給付型)の新たな形態として、①規約型(労使合意の年金規約に基づき、外部機関で積

図3-9　企業年金の新たな枠組

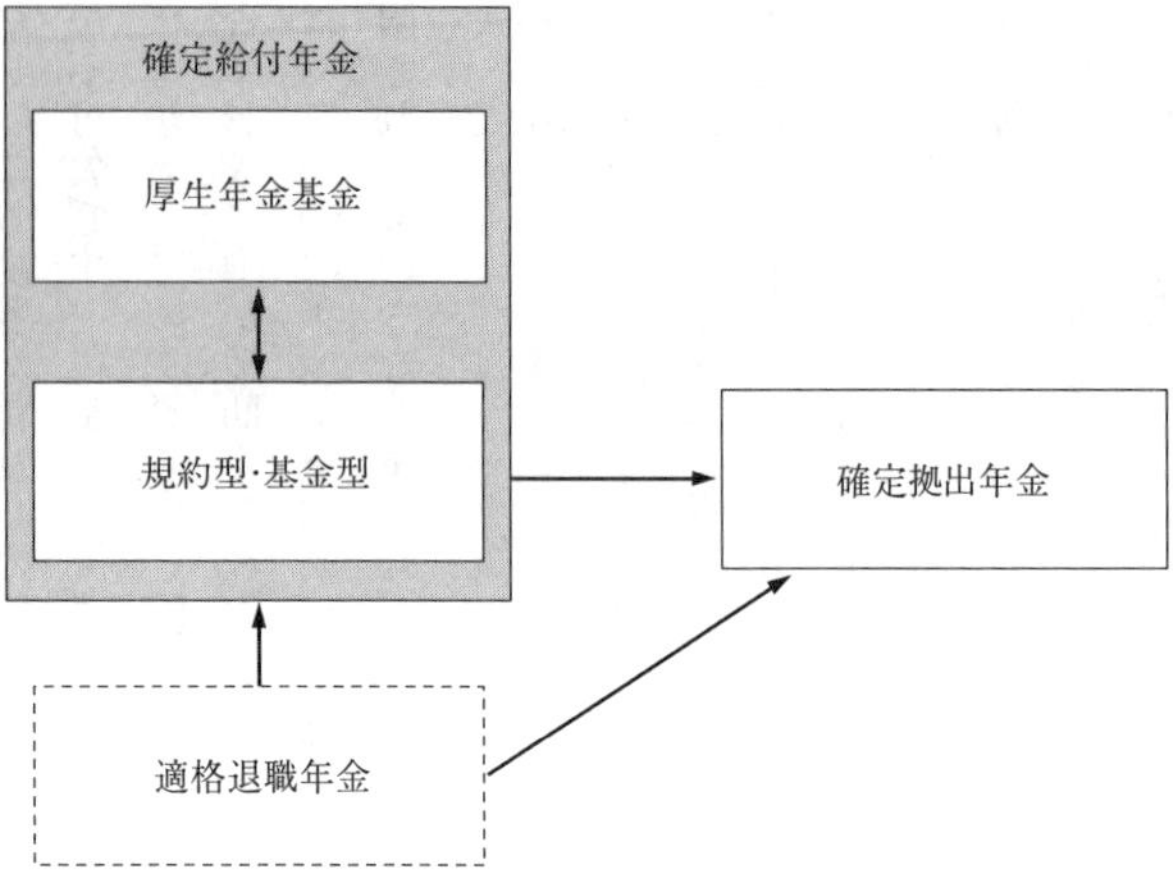

立）と、②基金型（厚生年金の代行のない基金）の二つが設けられました。これまでの厚生年金基金は、代行のない基金への移行が認められるようになりました。適格退職年金は、十年以内に他の企業年金に移行するよう決められました。受給権の保護をはかるため、積立基準、受託者責任、情報開示などについて統一的な基準を定め、これを満たすものについて承認を行うことになっています。

4章……雇用保険と労災保険……

雇用保険と労災保険は、働く人たちのセーフティネット（安全網）として、つくられました。一人の人が働くのは、四十年から五十年と長い期間です。その間、一つの企業に勤め続けられる人は幸運な人です。長い間には、経済環境の変化があり、個人の能力の変化もあるでしょう。一つの会社が隆盛を続けるのは約三十年で、その後は下降し始めるという説を唱える人もいます。最近では、誰もが倒産するはずはないと思っていた山一証券や長銀が倒産しました。会社の倒産だけではなく、解雇、自己都合退職、長年技術を活かして働いていた部署がなくなる、など長い職場生活ではさまざまな困難が待ち受けています。

失業は定収がなくなり、貧困に陥る大きな要因になります。雇用保険は、失業したときの所得保障のみならず、雇用保険三事業という事業も行っています。在職中からの能力開発に援助したり、雇用調整助成金といって、失業者を出さずに雇用を維持した会社に助成金を出しています。失業を事前に予防しようというのです。

労災保険は、仕事が原因となる従業員の疾病やケガ、死亡などに備えて事業主だけの拠出で保険制度をつくっているものです。健康保険が一般の疾病やケガに対応するのに対し、労災保険からの給付は、仕事に起因するものに限定されます。仕事に起因するかどうかの判定はなかなか難しいものがあり、そのため専門に判定する機関が設置されています。労災保険の適用対象になると、労災保険の給付が優先し、健康保険からの給付は受けることができません。

1——失業保険から雇用保険へ

失業保険の誕生

雇用保険は長い間、失業保険という制度でした。昭和二十年代初頭、戦争で中国大陸や満州、朝鮮に渡っていた軍人やその家族、軍属の人たちが大勢、帰還しました。一方、国内の生産能力は米軍の爆弾投下などで破壊されつくし、職場はない状態でした。大量の失業者が生まれるのは当然です。戦後の復興が本格的に始まるのは、一九五一年、朝鮮戦争による特需が起こってからです。失業者の救済は、国家的な課題でした。それは社会の安定という要請からでもありました。このような時代背景の下、失業保険法は一九四七年に制定されました。失業者の生活安定をはかることが急務だったからです。

一九五六年の「経済白書」は「もはや戦後ではない」という有名な言葉を生み出し、日本復興への新たな宣言を行いました。昭和三十年代から昭和四十年代前半までは、日本の黄金期とも呼べる時期でした。新技術の導入による生産性の向上、新たな生産システムの確立、農村から都市に流入してくる大量で良質な労働者。投資が投資を生み、生産性は飛躍的に向上し、賃金も飛躍的に上昇しました。上昇した賃金が新たな需要を生み出し、日本経済は長い高度成長の過程を経ました。農村から都市に出てくる中学卒業者は「金の卵」と呼ばれ、ほぼ完全雇用の状態が長く続きました。失業は大きな問題ではなかったのです。

失業保険から雇用保険へ

一九七三年に突発的に生じた石油ショックは、日本経済に深刻な影響を与えました。雇用にも大きな影響が及び始め、完全失業率は二%を超えました。このような時代状況を背景に、雇用政策の一大転換が行われました。失業してからの対策だけでなく、失業の予防を重視する政策への転換です。本来、雇用の維持・安定は第一次的には個別企業の自助努力によるものです。雇用創出にむけた環境整備、金融や財政、税制上の措置は国の産業政策として打ち出されます。従来、雇用政策は産業政策や経済政策の後追い的政策とみられてきました。深刻な経済情勢を理由に、雇用対策の抜本的な拡充を求める声が、産業界や労働界で強まってきました。そこで失業保険から雇用保険への大転換が行われたのです。

雇用保険制度へ転換した最大の理由は、失業予防を雇用政策で行おうとするものでした。そのため、雇用保険の雇用安定事業として雇用調整助成金制度が創設されました。不況で労働者を休業させたり、職業訓練を受けさせた場合、その従業員の賃金の一部を助成金として支払うものです。創設以来、多くの企業で利用され、失業予防に一定の役割を果たしたという評価があります。一方、この助成金があるため、マクロ的には日本経済の構造転換が遅れるとともに、個別企業の体質強化、新事業への進出意欲などを阻害した、という批判も近年聞かれるようになりました。

バブル崩壊後の経済不況のため、完全失業率は、一九九〇年代後半には四％を超えるようになりました。日本の雇用政策は一九七〇年代半ばに大転換が行われ、その骨格を動かさないままでした。高失業率時代に対応した、新たな雇用政策が求められています。

2――雇用保険の仕組み

雇用保険の目的

雇用保険法第一条は、「労働者が失業した場合及び雇用の継続が困難となる事由が生じた場合に必要な給付を行い、労働者の生活及び雇用の安定を図るとともに求職活動を容易にする等その就職を促進し、あわせて労働者の職業の安定に資するため、失業の予防、雇用状態の是正及び雇用機会の増大、労働者の能力の開発向上、福祉の増進を目的とする」とこの法律の目的を明確に規定しています。単に失業した場合の生活保障のみならず、雇用の安定、雇用機会の増大、労働者の福祉の増進まで行おうとする、積極的な雇用政策への政府の意欲がよく表れています。

雇用保険制度は大きく二つに分かれています。失業した場合のさまざまな給付を行う「失業等給付」と「雇用保険三事業」という雇用の安定、労働者の能力開発、福祉の向上をはかる三事業の二つです。失業等給付は、雇用保険の中心で次の四つの給付があります。

①求職者給付　失業時の生活の安定を図りつつ、求職活動を支援（基本手当等）
②就職促進給付　受給者の早期再就職を促進（再就職手当等）
③教育訓練給付　教育訓練受講費用の一部を保険給付することにより、就業能力の向上を支援
④雇用継続給付　在職者の雇用の継続を支援（高年齢雇用継続給付、育児休業給付、介護休業給付）

雇用保険の適用対象は、業種・規模を問わず、労働者が雇用されるすべての事業です。適用事業所数は一九九九年度で約二百万事業所、被保険者は適用事業に雇用される労働者で被保険者数は約三千三百九十万人です。また、雇用形態により一般被保険者、高年齢継続被保険者、短期雇用特例被保険者および日雇労働被保険者に分けられています。近年増えている短時間労働者や派遣労働者には、独自の適用基準があります。

図4-1　雇用保険制度の概要（平成13年度）

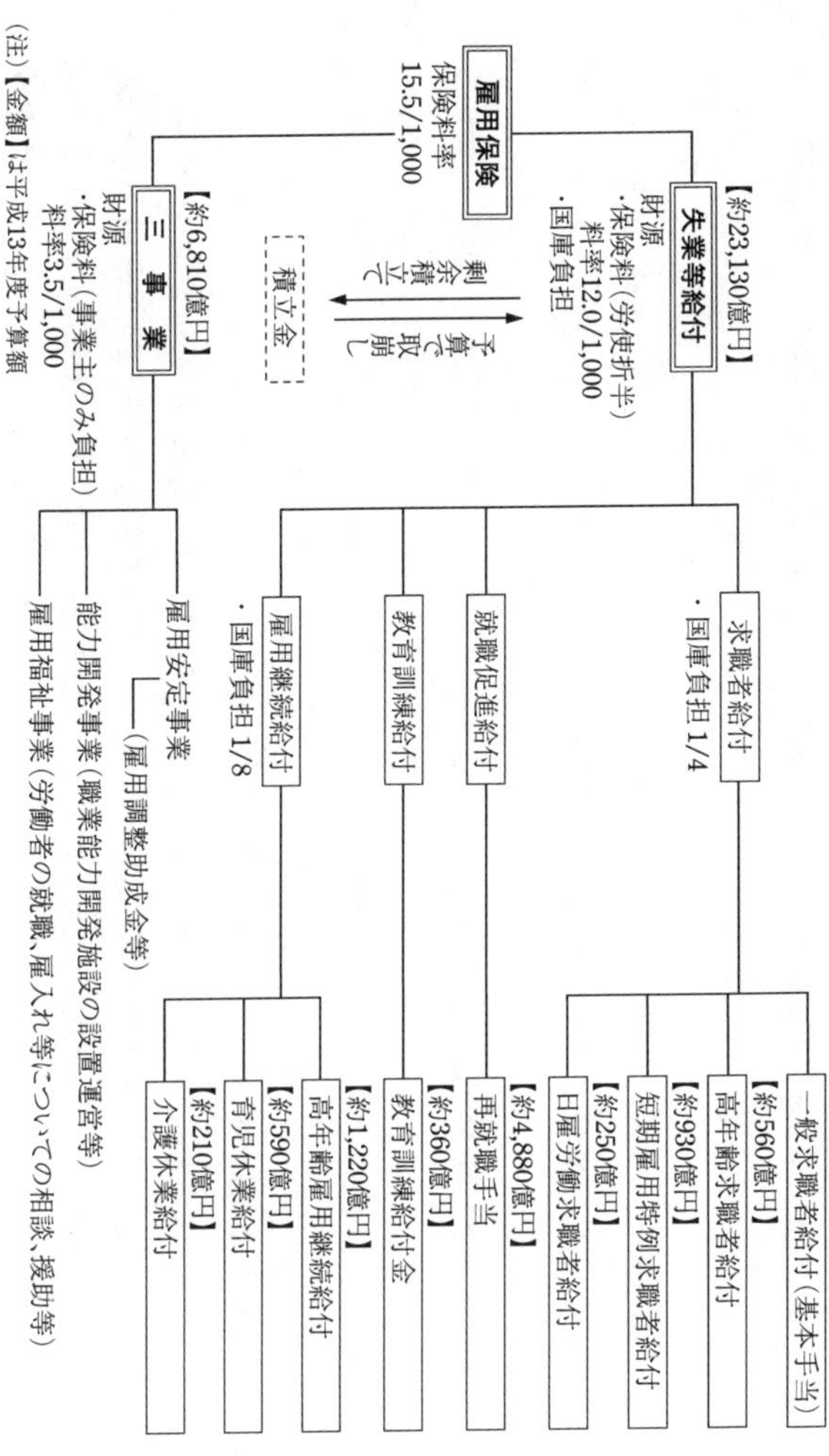
雇用保険
保険料率
15.5/1,000
【約23,130億円】
失業等給付
財源
・保険料（労使折半）
料率12.0/1,000
・国庫負担
剰余積立て
予算で取崩し
積立金
【約6,810億円】
三事業
財源
・保険料（事業主のみ負担）
料率3.5/1,000
求職者給付
・国庫負担1/4
就職促進給付
教育訓練給付
雇用継続給付
・国庫負担1/8
【約14,130億円】
一般求職者給付（基本手当）
【約560億円】
高年齢求職者給付
【約930億円】
短期雇用特例求職者給付
【約250億円】
日雇労働求職者給付
【約4,880億円】
再就職手当
【約360億円】
教育訓練給付金
【約1,220億円】
高年齢雇用継続給付
【約590億円】
育児休業給付
【約210億円】
介護休業給付
雇用安定事業
（雇用調整助成金等）
能力開発事業（職業能力開発施設の設置運営等）
雇用福祉事業（労働者の就職、雇入れ等についての相談、援助等）
（注）【金額】は平成13年度予算額

求職者給付

失業した場合に支給される給付です。失業とは次のように定義されています。

「事業主との雇用関係が終了（＝離職）し、労働の意思及び能力を有するにもかかわらず、職業に就くことができない状態にあること」

ここで重要なのは、単に失業しただけでなく、働く意思、能力があることが必要だということです。本来、結婚退職などは働く意思がないのですから、給付の対象にはなりません。ただ、意思とは主観的なものです。結婚のため退職した人の多くが求職者給付を受けています。

①受給要件　離職の日以前一年間に通算して六ヵ月以上の被保険者期間を持つ人が失業したとき。

②待期期間　正当な理由のない自己都合による離職の場合や労働者の責めに帰すべき重大な理由で解雇（懲戒解雇）された場合には、一ヵ月から三ヵ月の給付制限が行われます（給付されない）。

③基本手当

○所定給付日数　年齢・被保険者期間、離職理由に応じて九十日〜三百三十日

○給付日額　離職前賃金日額の原則六割（賃金日額に応じて六〜八割、六十歳以上は五〜八

割）

④失業の認定　基本手当は受給資格者が離職後、公共職業安定所に離職票を提出し、求職の申し込みをしたうえ失業の認定を受けた日について支給されます。失業の認定は原則として四週間に一回ずつ行われます。

二〇〇〇年改正と給付の重点化

厳しい雇用保険財政を反映した改正が二〇〇〇年に行われました。給付日数を自発的失業者と非自発的失業者との間で差を設け、二階建ての給付日数としました。改正前の制度では六十歳以上の人への給付額が全体の給付額の約三五％も占めていました。大部分の人が定年で退職した人たちへの給付です。二〇〇〇年改正の最も大きい改正点は、一般の離職者と「離職を余儀なくされた者」との間に区分を設けたことです。

従来は被保険者期間と年齢によって給付日数が決められていました。今回改正では、年齢および被保険者期間と、一般の離職者か「離職を余儀なくされた者」かの区分で給付日数が決まるようになりました。そこで「離職を余儀なくされた者」とは、どういう人をいうのか、という問題が生じます。厚生労働省で細かい基準が決められています。なお、基本手当の給付体系が変更されたのに伴い、改正前の雇用保険法に基づく個別延長給付制度

表4-1　2000年改正後の所定給付日数

①一般の離職者（定年退職者や自己の意思で離職した者）

被保険者区分（全年齢共通）	被保険者であった期間			
	5年未満	5年以上10年未満	10年以上20年未満	20年以上
一般被保険者	90日	120日	150日	180日
短時間労働被保険者	90日	90日	120日	150日

②倒産、解雇等により、再就職の準備をする時間的余裕なく離職を余儀なくされた者

	被保険者であった期間				
	1年未満	1年以上5年未満	5年以上10年未満	10年以上20年未満	20年以上
30歳未満	90日	90日	120日	180日	—
30歳以上45歳未満	90日	90日	180日	210日	240日
45歳以上60歳未満	90日	180日	240日	270日	330日
60歳以上65歳未満	90日	150日	180日	210日	240日

および同制度に基づく各種の給付延長措置は、二〇〇一年四月以降は行われなくなりました。

就職促進給付

就職を促進する給付として、再就職手当があります。求職者給付は、被保険者期間と離職理由によって、給付日数が決められています。ところが、給付日数を残して就職が決まることがあります。そのような場合、残した給付日数に応じて、再就職手当が支払われます。二〇〇〇年改正で削減が行われ、支給残日数の三分の一相当額を支給する方式となりました。支給残日数が所定給付日数の三分の一以上であり、かつ四十五日以上である場合に支給されます。

今回改正で削減されたとはいえ、このような手当が本当に必要なのでしょうか。せっかくもらえる給付を残したのだから、再就職にいろいろかかる費用を一時金でまかなおうとしているのでしょう。早目に就職できたことは、むしろ恵まれているのではないでしょうか。筆者は、このような一時金を廃止して、むしろ求職者給付の拡充に回すべきではないかと考えています。求職者給付の水準は一家の生活を維持するには、とても満足な水準ではありません。たとえば三十万円の給与をもらっていた人は、給付率を六割とすると求職者給付は月額約十八万円になります。

ただし、これが満額、生活費に使えるのではありません。失業期間中は前年の住民税、国保の保険料（健康保険の任意継続被保険者になる方法もありますが、この場合保険料は会社と折半ではなく、全額自己負担となる）、国民年金の保険料（配偶者と二人分で約二万七千円）を払う必要があります。税、保険料の合計は四〜五万円になるでしょう。そうすると手取りは十三〜十四万円になります。

家賃を払っている人や住宅ローンをかかえている人は、この手取りから払っていかなければなりません。とても生活はできないでしょう。蓄えのある人は取り崩していかざるをえません。求職者給付の水準はもう少し高める必要があります。他の給付の必要性を再検討し、求職者給付に充当することがあってもよいでしょう。再就職手当の存在は、そんな

図4-2　教育訓練給付の支給対象者の例

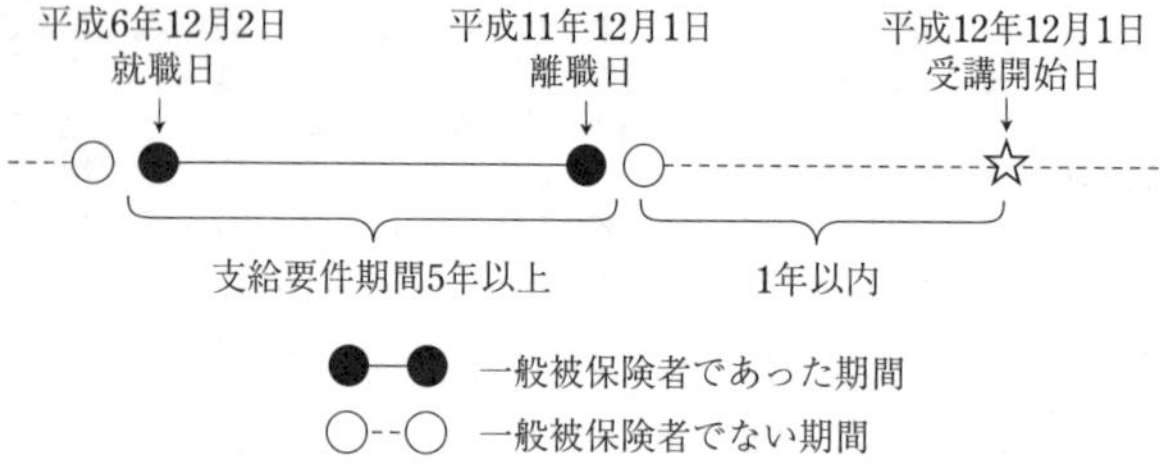

ことを考えさせられます。

教育訓練給付

一九九八年十二月から実施されている、新しい給付です。従来の能力開発事業が、従業員の教育訓練を行う事業主への賃金助成を中心にしていたのに対し、個人への給付を初めて行った点で画期的な制度です。背景には、雇用の流動化が進展する中で、個人の自助努力による職業能力開発へのニーズが高まっていることがあります。労働大臣が指定する教育訓練コースを受講すれば、受講料の一部があとから戻ってきます。現在約一万五千講座が指定されています。受講にかかった費用の八割が支給されますが、支給額の上限は三十万円です。給付を受けるには、コースを修了することが必要で、申請するには修了書を提出する必要があります。

この給付を個人に対する給付という観点から評価する

意見がある一方、直接、職業能力につながらない訓練コースも多く指定され一種のバラマキではないか、という批判があります。労働大臣が指定する基準も決められていますが、保険料の有効活用の視点からも、職業能力の開発につながるコースを厳密に判定していかなければなりません。

教育訓練給付の支給総額は、年々増加しています。個人の能力の向上につながる制度としていく努力を今後とも行っていかなければならないでしょう。今回の雇用保険法改正で、上限額二十万円が三十万円に引き上げられました(二〇〇一年一月実施)。受給要件も図4-2のように、雇用保険加入が前提となっていますので、公務員や自営業者は対象外で若干不公平な感じがします。

雇用継続給付

雇用継続給付も比較的新しい給付です。雇用保険が失業したときの生活を保障することのみならず、失業を予防し雇用の安定・継続をはかるために設けられた給付です。雇用継続給付には次の三つがあります。

①高年齢者雇用継続給付

高年齢者雇用継続給付は、高齢者の厳しい雇用情勢を反映して創設されたものです。一九九四年の年金改正で、厚生年金の一階部分の支給開始年齢が二〇〇一年から六十五歳まで段階的に引き上げられることになりました。六十歳代前半は、年金と賃金によって生活していく設計です。そこで、高齢者の雇用継続や促進をはかるため、この給付が設けられました。

六十歳以上で再就職し、従前賃金より一五%以上下がった場合に、再就職先でもらう賃金の二五%以内の額を雇用保険から支給します。六十歳代前半は、職場からの賃金、高年齢者雇用継続給付、在職老齢年金の三つをもらえることになります。最適な組み合わせを考える必要があります。

②育児休業給付

育児休業給付は、育児休業を取得する人に休業期間中(最長一年間)、従前収入の二五%を保障するものです。二〇〇〇年改正で四〇%に拡充する施策が打ち出され、二〇〇一年一月から実施されました。三〇%は休業期間中に支給され、残りの一〇%は職場に復帰して六ヵ月経過後に支払われます。まだ十分とはいえませんが、育児と仕事の両立をめざす女性にとっては大きな前進でしょう。

③介護休業給付

高齢化に伴う要介護者の増加で、働きながら親の介護にあたる人が増えています。介護休業制度はそのような人のために創設されました。育児休業と異なり、介護期間がさまざまであることから、介護休業期間は最長三ヵ月と短いものになりました。介護休業手当は一九九九年七月から支給されています。育児休業給付と並んで二〇〇一年一月から、これまで二五％だった介護休業手当を四〇％に引き上げる措置がとられることになりました。今後は介護休業期間の延長が課題となるでしょう。

見直される雇用保険三事業

景気の変動や産業構造の変化などが雇用面に及ぼす影響を緩和し、雇用対策の面から積極的に失業を予防し、あわせて円滑な職業の転換をはかって、雇用の安定をはかることが重要となっています。このための事業を行う雇用保険三事業の保険料は全額事業主負担で、給付も事業主に対して行われます。いわば事業主の共済事業のようなものです。

雇用保険三事業は、次の三つです。

①雇用安定事業　失業の予防、雇用状態の是正、雇用機会の増大その他雇用の安定

②能力開発事業　職業生活の全期間を通じた能力の開発向上

③雇用福祉事業　職業生活上の環境の整備改善、就職の援助その他福祉の増進

それぞれの事業ごとに、多くの助成金があります。本来、国の一般会計で行うべき対策

なども、財政が苦しいことから、この三事業で行われてきたきらいがあります。もっとも金額的に大きいのは、失業の予防を図る「雇用調整助成金」です。わかりやすく、利用しやすくするため、整理統合の方向で議論が進んでいます。

雇用保険の負担

雇用保険の負担は、雇用関係の当事者である労使が給付に要する費用にあてるための保険料を拠出し、国庫も給付に要する費用を一部負担しています。

①失業等給付の保険料率は、賃金総額の原則千分の十二（労使折半）で、国庫負担は求職者給付費の原則四分の一、雇用継続給付費の原則八分の一となっています。

②雇用保険三事業は、事業主のみの負担とされており、保険料率は千分の三・五です。これは、三事業が事業主の共済事業的な性格を持つものと考えられているからです。

国庫負担率は、保険財政に余裕があったことから一九九二年に二二・五％に引き下げられてから、一九九八年には一四％まで低下しました。二〇〇〇年改正で、保険料率が千分の八から千分の十二に引き上げられたことから、国庫負担率も二五％に戻されました。事業主と労働者に負担増を要請することから、国も本来の責任を果たそうとしたわけです。

保険料率には弾力条項があります。千分の二プラスマイナスは、厚生労働大臣の判断で引き上げたり、引き下げたりすることができます。弾力条項の発動基準は、従来、積立金の額と徴収保険料額とを比較して判断していましたが、改正後は積立金の額と失業等給付の額を比較して判断することになりました。失業情勢が厳しくなると失業等給付が増加し、保険財政が厳しくなるからです。

3――雇用保険制度の課題

厳しい雇用保険財政

雇用保険制度の課題の第一は、保険財政の安定です。一九九九年の完全失業率の平均は、四・七％に達しました。一九九八年四月に四・一％と初めて四％を突破してから、連続十七ヵ月も四％台後半の高い水準で推移しています。失業率が高まれば、当然ながら失業等給付が増えます。失業者数の増加とともに、不況を反映し失業期間が長期化しています。失業給付の受給期間も伸びています。それに伴い、雇用保険財政も厳しい状況に陥っています。一時は積立金が約四兆七千五百億円（一九九三年度）もあったのが、もう底をつきそうなのです。

失業等給付関係の収支状況は表4-2のとおりです。二〇〇〇年度の決算では、一兆四百

表4-2　失業等給付関係収支状況（単位：億円）

	5年度	6年度	7年度	8年度	9年度	10年度	11年度	12年度
収　入	18,187	17,797	18,593	18,413	19,423	17,397	17,312	16,239
うち保険料収入	12,266	12,270	12,457	12,650	12,923	12,929	12,335	12,164
うち国庫負担金	2,810	2,672	3,374	3,273	4,388	3,078	4,012	3,354
支　出	16,126	17,996	20,221	21,358	23,203	27,018	27,806	26,660
うち求職者給付費	13,977	15,806	17,327	17,952	19,326	22,739	23,257	21,764
差引剰余	2,061	▲199	▲1,628	▲2,945	▲3,780	▲9,621	▲10,489	▲10,421
積立金残高	47,527	47,328	45,700	42,755	38,975	29,354	18,865	8,444

（注）11年度及び12年度の「支出額」には、予備費が計上されている。

二十一億円と一兆円を超える赤字。積立金も約八千四百億円まで減りました。今後も失業率が五%前後に高止まりすると、積立金はどんどん減っていきます。この危機を未然に防ぐために、二〇〇〇年度に雇用保険法改正が行われました。保険料率の引き上げと国庫負担の増加、給付の見直しです。

そもそも、安全ネットとしての雇用保険は、頻繁に改正してはいけない、というのが原則でしょう。ネットがたびたび作り替えられれば、安心して暮らせないからです。政府は雇用保険の危機的財政状況からのやむをえない措置であると強調しました。雇用保険財政の積立金は、財政のビルトインスタビライザー(自動安定装置)としての役割を果たします。好況時に積立金が多くなり、保険料率や国庫負担を安易に引き下げたつけが回ってきたのです。

給付の見直し

雇用保険制度の第二の課題は、もう一段の給付の見直しです。二〇〇〇年改正は、雇用保険の給付体系など抜本的見直しを行うものではなく、財政危機のほころびをぬぐうだけの対症療法にとどまっています。失業等給付の対象を、「離職を余儀なくされた者」とそうでない人に区分したことは、制度の簡明さや公平性の観点から疑問が残ります。制度運営上、「離職を余儀なくされた者」の認定が客観的にできるかどうか、現場の職業安定所で混乱が生じないか、注視する必要があります。同時に、肥大化した給付メニューの見直しは、三事業では行われることになりましたが、失業等給付の中でも、再就職手当や延長給付を見直し、本来の失業期間中の給付(求職者給付)に重点化していくことを検討すべきでしょう。

第三の課題は、失業給付終了後の給付の問題です。失業期間は長期化しています。ところが、給付期間は「離職を余儀なくされた者」以外は短縮されました。とくに中高年齢層では再就職の途は厳しく、給付期間終了後も多くの人が職探しをしています。その期間の生活は、貯金があれば取り崩し、なければ借金をして生活するしかありません。

最後の社会保障として、生活保護制度がありますが、資産調査など受給要件が厳しく、会社員生活を長くやってきた人が受けるには相当な抵抗感があるのも事実です。失業給付から生活保護に陥らないような、なんらかの措置を考える必要があります。たとえば「失業扶助」制度などを設け、失業給付に類似した給付あるいは長期の無利子貸付制度などを検討すべきでしょう。

4——労災保険の役割

事業主の共済制度

労災保険の対象は、労働者の業務災害および通勤災害です。健康保険が一般の傷病やケガを対象にしているのに対し、仕事が原因で起きた病気やケガに対応するものです。費用は、原則として事業主の負担する保険料によってまかなわれます。国の労働保険特別会計に労災勘定が設けられています。

労働者の業務災害について、使用者は労働基準法に基づく災害補償責任を負っています。労働基準法の災害補償に相当する労災保険給付が行われる場合には、この責任は免除されます。労災保険が実質的に事業主の災害補償責任を担保する役割を果たしているのです。労災保険がなければ、災害補償責任を事業主が有していても、小さな事業主では支払い能力がない場合があります。そこで事業主だけの負担で労災保険をつくり、労働者への支払いを確実なものにしているのです。

適用対象は、一人以上の労働者を使用するすべての事業所です。公務員や船員は独自の制度を持っていますので、対象からはずれます。一九九九年度末現在、適用対象事業場数は約二百六十九万、適用対象労働者数は約四千八百五十万人です。保険財政の規模は、一九九九年度予算では約一兆九千二百一億円で、うち保険料収入は一兆四千三百二十八億円です。

労災保険の適用となるケガや病気とは

労災保険の対象は、仕事に起因するケガや病気です。一般のケガや病気は健康保険の対象となります。「仕事に起因するかどうか」が労災保険の適用基準です。脳疾患やノイローゼなどの疾病の場合、仕事に起因するかどうかの判断はきわめて難しく、適用されなかった人が裁判に訴えるケースも頻繁に生じています。いわゆる「過労死」問題などが叫ばれるようになってから脳疾患による死亡などの適用基準の改正も行われました。

保険給付としては、現物給付の療養補償給付に加え、休業補償給付、傷病補償年金など七種類の給付があります。給付費の支払い状況を給付種類別にみると、年金等給付が全体

表4-3　労災保険の給付種類別保険給付支払状況（平成11年度）

	金　額（千円）	構成割合（%）	対前年度増減率（%）
総　数	825,025,164	100.0	△ 1.7
療養（補償）給付	226,220,810	27.4	△ 3.3
休業（補償）給付	129,056,148	15.6	△ 3.0
障害（補償）一時金	53,660,845	6.5	△ 4.9
遺族（補償）一時金	5,742,289	0.7	△ 10.8
葬祭料	2,234,920	0.3	1.4
介護（補償）給付	5,799,603	0.7	5.1
年金等給付	402,310,549	48.8	0.2

の四八・八%を占めて最も多く、次いで療養補償給付の二七・四%となっています。

労災事業の付帯業務として、適用事業に係わる労働者およびその遺族の福祉の増進をはかるため、労災病院の運営など労働福祉事業も労災特別会計の費用で行われています。

費用の負担

労災保険の事業に要する費用の大半は、使用者が負担する労災保険料によってまかなわれています。労働災害に対する使用者責任の観点から、全額事業主負担となっています。保険料の額は、賃金総額に保険料率を乗じて算定されます。労災保険は他の社会保険と異なるメリット料率を採用しています。災害の起きる危険率が事業によって異なるからです。

事業の種類ごとに、災害率に応じて、千分の六から千分の百三十四の保険料率となっています。

また、個々の事業主の負担の公平をはかり、自主的な災害防止努力を促進するため、個々の事業ごとに収支率（保険料総額に対する保険給付額と特別支給金額の合計の割合）をみて、業務災害に係わる保険料率の四〇％（建設事業の有期事業については三〇％）の範囲内で保険料率または保険料額が増減される「個別事業メリット制」も採用されています。いわば事業の種類ごと、個々の事業ごとの二重のメリット制が採用されており、災害防止に向けた事業主の自主努力を促進しようとしています。

5章……介護保険の現状と課題……

1――介護保険制度の誕生

急速な高齢化と平均余命の増大

介護問題発生の最も大きい要因は、もちろんわが国の急速な高齢化です。現在から四半世紀後の二〇二五年には、約四人に一人が六十五歳以上の高齢者になります。高齢になればなるほど、さまざまな病気や障害をかかえがちになります。とくに七十五歳以上の後期高齢者はなんらかの病気や障害を持っているのが通例です。高齢者が増えることは、要介護者が増えることを意味します。厚生省では要介護者の将来予測を出しています。二〇一〇年には、寝たきりの状態の人が百七十万人になると予測しています（図5-1参照）。

高齢化は必然的に平均余命の長期化を招きます。六十歳定年で退職した人は平均約二十年生きています。第二の人生は余生ではなく、無視できないほどに長いものになっています。高齢者が増えてくると高齢者は社会から支えられる立場だけではなく、いかに社会に貢献していけるかが問われてきます。

家庭で地域で職場で、高齢者の力を発揮できるような仕組みづくりが求められます。高齢者が自らの生きがいをあらゆる場で見いだせるようにしていくことが、元気な高齢者を増やすことにつながります。介護費用、医療費の抑制など社会保障の効率化という副産物

図5-1　寝たきり・痴呆性・虚弱高齢者の将来推計

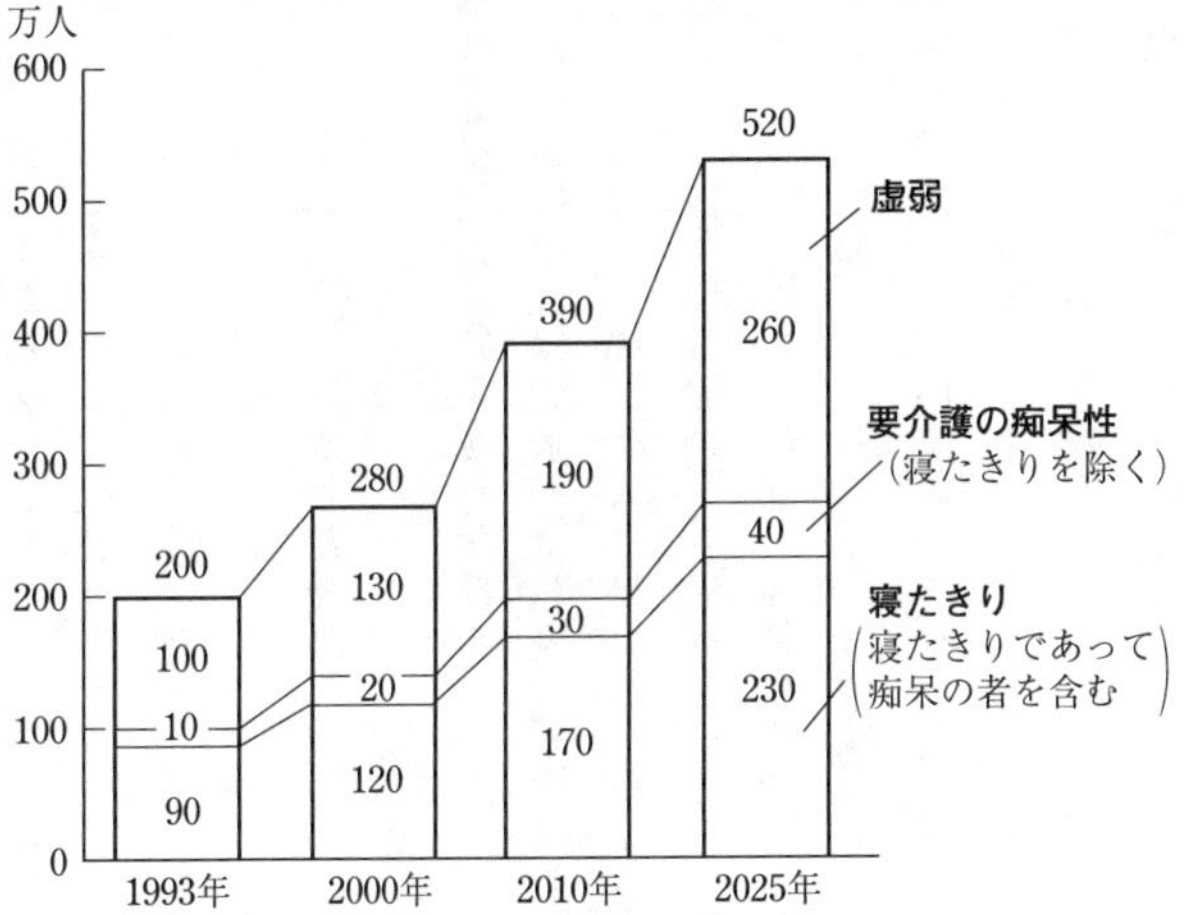

も生まれます。

家族の変化と慢性疾患の増加

介護の問題を考えるうえで重要なのは家族の変化です。戦前から昭和二十年代まで、大家族制度の名残がありました。家族の中で高齢者の扶養、介護が行われていたのです。昭和三十年代の高度成長時に急速な工業化が進展し、それと平行する形で都市化が進みました。その結果、家族は親と子のみで構成される核家族がほとんどとなりました。高齢者のみの世帯、高齢者の単身世帯も増加しています。家族の持っていた扶養の力、介護の力が弱まってきたのです。

七十五歳以上（後期高齢者）になると、加齢に伴うさまざまな病気や病気の後遺症としての障害が残る人が増えてきます。病気も治療すれば治る急性疾患から、治療を継続して続けなければならない慢性疾患を抱える人が多くなります。糖尿病やリウマチ、消化器病などです。これが高齢者の医療費が増大する理由です。一人当たりの医療費は、高齢者の場合、それ以外の人の平均の約五倍もかかっています。慢性疾患や障害には医療だけでは対応できません。医療と連携した介護、福祉体制の確立が急務となるのです。

福祉の貧困を補完してきた医療

わが国の福祉は従来、全額税金で提供されてきました。提供する機関も地方公共団体や認可された社会福祉法人だけに限られてきました。多額の税が年々投入されてきましたが、高齢化に伴う福祉のニーズの拡大にとても追いつくものではありませんでした。

これが、とくに都市部で顕著な特別養護老人ホームなどの待機者の増大につながっています。東京都だけで約一万人の待機者がいます。施設だけではなく、在宅福祉サービスも不足しています。ホームヘルパーも現在の二倍から三倍の四十万人から五十万人の人員が必要といわれています。

この福祉の不足を補ってきたのが、病院です。病院は病気を治すところであり、生活する場所ではありません。ところが、これ以上病気は治らない状態になった人で介護が必要な人も入院し続けることが多いのです。家族の状況と福祉の不足から、自宅で介護することができないからです。やむなく病院に居続けることになります。これが「社会的入院」（社会的な事情からの入院という意味）といわれるものです。いわば福祉の貧困を医療が補ってきたといえるでしょう。

社会保険としての介護保険

税と比較して社会保険の特徴はいくつかあります。保険料を負担した見返りとしてサービスが給付されるという、負担と給付の結びつきの明確性。権利としてサービスを受けることができるのです。サービス供給面でも、医療のように民間の参入が容易になるという大きな利点があります。

昭和三十年代半ばに国民健康保険が創設され、いわゆる「国民皆保険」体制が確立しました。国民の医療を支える財政基盤がしっかりしたのです。その後の病院や診療所などの増加は著しいものがありました。介護保険の創設でも同じ状況が期待されています。介護保険に裏打ちされて「介護報酬制度」ができました。一つ一つの介護行為に点数がつけられ、報酬が決まっています。医療保険と診療報酬の関係と同じです。

2――介護保険の基本的仕組み

保険で何に備えるか

一般に保険とは、何かの危険（リスク）にあらかじめ備えるために、保険料を拠出し、保険給付の対象となる事態に陥った場合に、現金や現物で給付（サービス）を受けるものです。介護保険は、介護を必要とする事態（要介護状態）に備えようとするものです。介護保険は社会保険ですので、強制加入です。四十歳以上から強制加入となります。「自分は要介護の状態にならないから入りたくない」ということは認められません。国民全体で、要介護という事態に備える、という連帯の精神に基づいているのです。

公費（税金）も給付総額から利用者負担分を引いた額の半分を投入することになっています。保険料だけで運営しようとすると、保険料がかなり高くなってしまうからです。

保険を運営する者を保険者といいます。介護保険の保険者は市町村および特別区です。国や都道府県も財政、事務面でさまざまな援助を行います。全国の市町村の高齢化率は、さまざまです。高齢者の多いところは要介護者が多いのは当然で、サービスも当然多く必要です。保険料も高くなってしまいます。しかし、高齢者の多いところに住んでいるのは、偶然であり、そこに住んでいる住民に全責任を負わせるのは酷であり、不平等といえるでしょう。

したがって、国が全国的な調整を行うために、サラリーマンが給与天引きで支払う保険料を全国でプールし、高齢化率に応じて各市町村へ配分を行うことになっています。それ以外にも要介護認定の事務費の二分の一を国が負担することになっています。事務実施面では、要介護認定の審査判定業務を都道府県へ委託可能にしたり、都道府県が複数市町村の審査会の共同設置を支援したりすることを可能にしています。

二種類の被保険者

被保険者とは、保険に加入する人です。介護保険では二つに分けています。第一号被保険者は六十五歳以上の者で、第二号被保険者は四十歳以上六十五歳未満の者です。介護保険の特色は、四十歳から保険料を支払う義務が生じるのに対し、サービスが受けられるのは六十五歳以上からになっていることです（加齢に伴う特定疾病のために要介護状態になった者を除く）。

普通の保険は加入者は全員サービスを受けられるようになっています。なぜなら、保険料を払っているからです。介護保険では四十歳から六十四歳までは掛け捨てになるのがほぼ確実な保険に加入させられているといえるでしょう。保険料が二千円、三千円台である

図 5-2　介護保険制度の仕組み

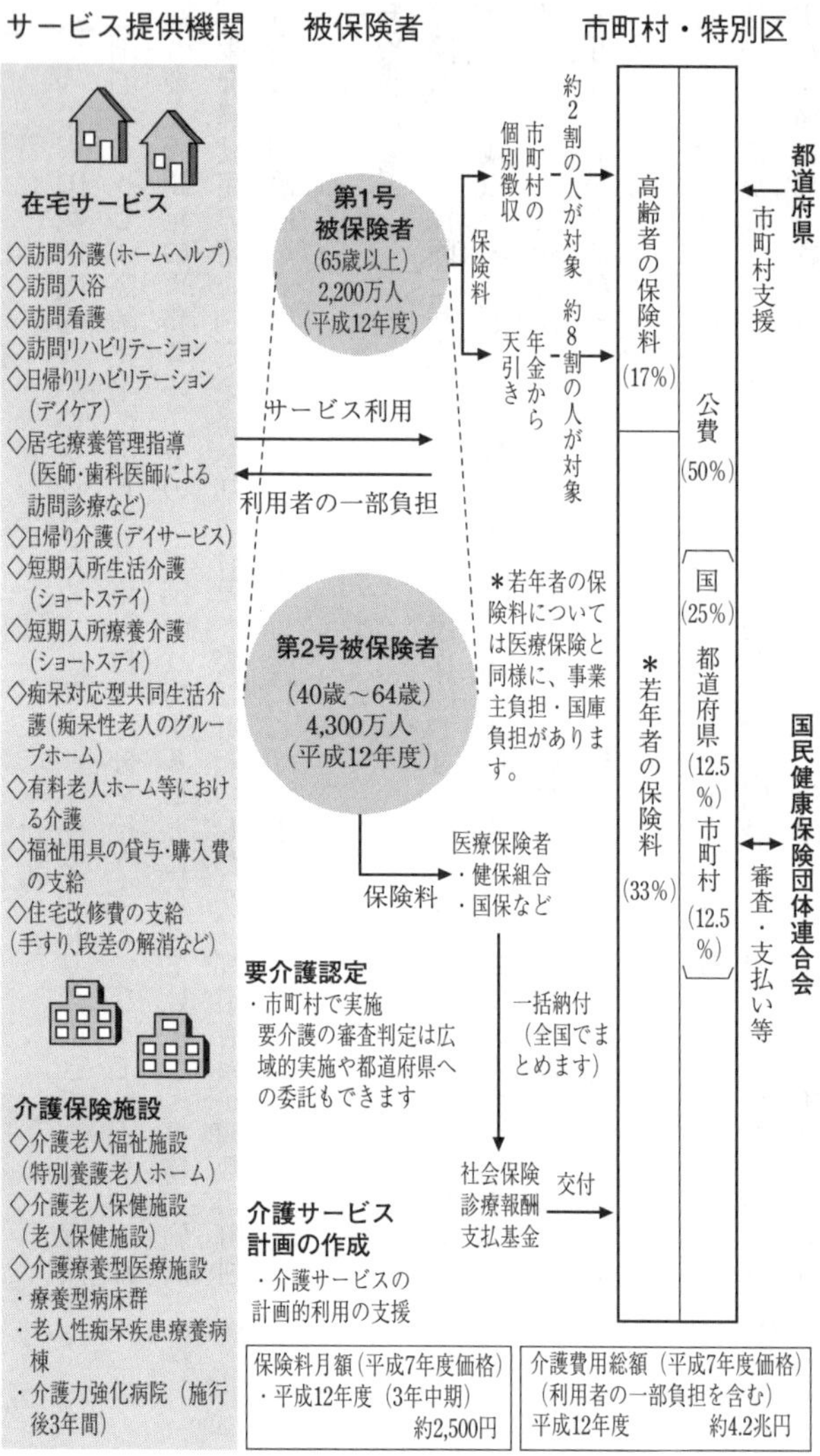

サービス提供機関
被保険者
市町村・特別区
在宅サービス
◇訪問介護（ホームヘルプ）
◇訪問入浴
◇訪問看護
◇訪問リハビリテーション
◇日帰りリハビリテーション（デイケア）
◇居宅療養管理指導（医師・歯科医師による訪問診療など）
◇日帰り介護（デイサービス）
◇短期入所生活介護（ショートステイ）
◇短期入所療養介護（ショートステイ）
◇痴呆対応型共同生活介護（痴呆性老人のグループホーム）
◇有料老人ホーム等における介護
◇福祉用具の貸与・購入費の支給
◇住宅改修費の支給（手すり、段差の解消など）
介護保険施設
◇介護老人福祉施設（特別養護老人ホーム）
◇介護老人保健施設（老人保健施設）
◇介護療養型医療施設
・療養型病床群
・老人性痴呆疾患療養病棟
・介護力強化病院（施行後3年間）
第1号被保険者
（65歳以上）
2,200万人
（平成12年度）
保険料
市町村の個別徴収
約2割の人が対象
年金から天引き
約8割の人が対象
サービス利用
利用者の一部負担
第2号被保険者
（40歳～64歳）
4,300万人
（平成12年度）
＊若年者の保険料については医療保険と同様に、事業主負担・国庫負担があります。
保険料
医療保険者
・健保組合
・国保など
一括納付
（全国でまとめます）
社会保険診療報酬支払基金
交付
要介護認定
・市町村で実施
要介護の審査判定は広域的実施や都道府県への委託もできます
介護サービス計画の作成
・介護サービスの計画的利用の支援
高齢者の保険料
（17%）
＊若年者の保険料
（33%）
公費
（50%）
国
（25%）
都道府県
（12.5%）
市町村
（12.5%）
都道府県
市町村支援
国民健康保険団体連合会
審査・支払い等
保険料月額（平成7年度価格）
・平成12年度（3年中期）
約2,500円
介護費用総額（平成7年度価格）
（利用者の一部負担を含む）
平成12年度
約4.2兆円

うちは大きな不満は出てこないかもしれません。これが五千円、六千円となるとどうでしょう。これだけの保険料を払って、なんの見返りもないとしたら、大きな不満が生じてくる可能性があります。不満が大きくなれば保険料の引き上げも難しくなるでしょう。若年障害者への介護も保険の対象にして加入者を増やしていく(たとえば二十歳以上)かどうかが、今後の重要な検討課題です。

利用手続きとサービス

被保険者は介護を必要とする事態になったと思ったら、市町村に申請します。この申請は家族でも可能です。申請があった場合、調査員が自宅を訪問し、日常生活の動作に関する調査を行います。調査結果は市町村に設置される介護認定審査会にあげられます。また主治医(かかりつけ医)も医学的観点から、申請者の心身の状況に関する意見書を審査会に提出します。保健、医療、福祉などの専門家で構成される介護認定審査会は、この二つのものを材料に要介護度のランクづけを行います。ランクは要支援と五段階の要介護状態に分かれています。

申請者は認定されると「介護サービス計画(ケアプラン)」の作成を依頼することができます。どんな介護サービスを組み合わせるのがベストなのかは、専門家でないとわからないことが多いものと思われます。もちろん、要介護度に応じて保険から支払うサービスの上限はあります。

介護保険の給付は、大きく二つに分かれます。在宅サービスと施設サービスです。できるだけ長年住み慣れた自宅で過ごしたい、というのは自然な感情です。在宅での介護をできるだけ支援するため、新ゴールドプランにはなかったメニューが含まれています。訪問入浴介護、福祉用具の貸与・購入費の支給、住宅改修費（手すり、段差解消等）の支給などです。施設サービスは、これまでの特別養護老人ホームと老人保健施設に加えて、病院などの医療施設のうち、介護体制の整備された施設（療養型病床群）が対象とされます。

要介護度は五段階

要介護度の区分は、厚生労働大臣の定める認定基準で決められています。要介護度は五段階に分かれています。要支援と合わせると、六段階になります。それぞれの段階ごとに細かく要介護の状態を規定しています。ただし、人間の状態は千差万別ですから、すべての人を区分することには大きな苦労が伴うものと思われます。要支援者への介護サービスは要介護者と比べて、大きく限定されます。それは要支援者へのサービスは、要介護者にならないように、予防的意味を有したサービスに限定されているからです。支援もいらな

表5-1　在宅サービスの利用限度

要介護度	訪問通所サービスの支給限度額（1ヵ月）	短期入所サービスの利用日数（6ヵ月）	福祉用具の購入（1年間）	住宅改修
要支援	61,500円	7日	100,000円	200,000円
要介護1	165,800円	14日		
要介護2	194,800円	14日		
要介護3	267,500円	21日		
要介護4	306,000円	21日		
要介護5	358,300円	42日		

いと判定されると「自立」と認定されます。

五段階に分かれた要介護度に応じて、介護保険で支給されるサービスの上限が定められています。保険料や税金を財源とする介護保険でも、あらゆる介護ニーズすべてに応えていたのでは、財源がパンクしてしまいます。そこでサービスの上限があるのです。

要介護度に応じた在宅サービスの上限は表5-1のようになっています。額で決まっていますので、その上限額の中で、利用者は適切なサービスを組み合わせて使うことになります。それぞれのサービスに単価（介護報酬）が決まっています。ホームヘルパーの派遣は一時間当たりいくらと決まっています。この単価を積み上げて、要介護度に応じたサービスの上限額内におさめる必要があります。どの

図5-3　介護サービス計画の具体例

要介護3：通所サービスに重点をおいた組み合わせ

	月	火	水	木	金	土	日
午前	通所リハ	訪問介護	通所リハ	訪問看護	通所リハ	訪問介護	
午後	訪問介護（巡回型）	訪問介護（巡回型）	訪問介護（巡回型）	訪問介護（巡回型）	訪問介護（巡回型）	訪問介護（巡回型）	訪問介護（巡回型）

●短期入所：6ヵ月に3週
福祉用具貸与▶車いす、特殊寝台、マットレス

サービスをどのくらい利用すれば最も適切かは、専門家などと相談し「ケアプラン（介護計画）」を作成してもらうことになります。

介護計画作成サービス

要介護者の状態に最も適した介護サービスを組み合わせることが重要です。サービスの上限の中で、その人に応じた介護サービスを上手に組み合わせて使うことになります。このサービスの組み合わせ方を考えるのがケアプランで、介護支援専門員などのケアマネジャーに作成を依頼することができます。具体的には、在宅介護支援センターやホームヘルパー派遣事業者、各種の介護施設などに依頼することになります。依頼を受けた介護支援専門員は、まず要介

護者の状態を正確に把握します。その後要介護者や家族、各サービス提供者などを含んだ「サービス担当者会議」を開き（現実には関係者がとても忙しく、ほとんど開かれていないようです）、どんなサービスがベストなのかを検討し、介護の基本方針、目標、サービス内容を盛り込んだ「介護サービス計画」を作成します。厚生省は介護サービスモデルの具体例として図5-3のような例を示しています。

作成は無料で行うことになっています。もちろん、自分や家族がこんな組み合わせでサービスを受けたいと思うならば、自分で計画を作成することもできます。ただし、作成した計画がサービス利用の上限額内に収まっているかどうかを判定するために、市町村に届ける必要があります。個々のサービス内容や必要なサービスについて知識を持っている専門家に任せるほうが無難でしょう。

保険料はどう決まるのか

六十五歳以上の第一号被保険者の保険料は所得段階に応じた、定額の保険料となります。ただし、保険者が市町村であることから給付水準の高い市町村は高い保険料が必要となり、給付水準が低い市町村は低い保険料となります。市町村はこの基準に基づき、条例で具体的な額を定めています。所得の高低で五段階程度に分かれています。国民健康保険料（税）

図 5-4　政管健保の保険料率

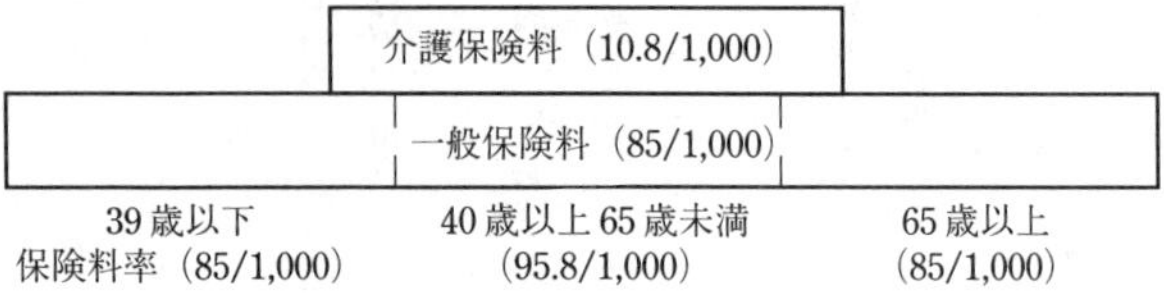

（注）一般保険料は、健康保険料のこと。

に上乗せして徴収されます。健康保険などの場合、子供の被扶養者になれますが、介護保険では高齢者も応分の負担をすることが特徴です。高齢化の負担を国民全体でまかなおうとする考え方です。

全国的な平均の保険料月額は一人当たり二千五百円です。夫婦二人では五千円です。決して安くない保険料です。しかも、給付水準が充実するにつれ必要な費用も増大しますから、保険料も引き上げられていくでしょう。年金が一定額以上ある六十五歳以上の第一号被保険者からは、年金から保険料を天引きすることになりました（保険料の「特別徴収」）。年金額が十八万円（年額。月額一万五千円）以上の人が対象です。

四十歳から六十四歳までの人は第二号被保険者となります。政管健保や組合健保に加入している人は、加入する健康保険料に上乗せして介護保険料が徴収されます。約一％程度の上乗せです。労使が折半で払います。

利用者の負担

表5-2　1世帯の自己負担額の上限（1ヵ月あたり）

被保険者種別	自己負担上限額	施設での食費標準負担額
一般の被保険者	37,200円	22,800円（1日760円×30日）
低所得者（住民税非課税）	24,600円	15,000円（1日500円×30日）
老齢福祉年金受給者（住民税非課税）	15,000円	9,000円（1日300円×30日）

介護保険では利用者負担は定率の一割です。利用者とそれ以外の者の公平性、利用者に費用負担の意識を持ってもらうことで全体の費用の効率化をはかることを狙いにしています。一割負担でも積もり積もれば大きな額になります。そのため、高額介護サービス費制度が設けられています。医療の高額療養費制度に対応する制度です。月額三万七千二百円以上の自己負担がかかった場合、自己負担額から三万七千二百円を引いた額が後から戻ってきます。低所得の人はこの額が二万四千六百円（住民税非課税世帯）、福祉年金受給者などでは一万五千円と低額になっています。

特別養護老人ホームに入ったときの平均費用は、利用料二万四千円、食費二万三千円の約四万七千円を自己負担し、月額三十一万五千円のサービスを受けることになります。食費の負担は、病院でも数年前から行われるようになりました。自宅でサービスを受ける人は、当然自分で食費を払っていることとの公平性をはかるものです。

サービスを受けられる上限が、要介護度に応じて決まっていますので、その上限の一割が利用者負担の上限になります。この上限を超えてサービスを受けようとすると全額自己負担でサービスを購入しなければなりません。

高額介護サービス費制度があって、後日自己負担の上限を超える分は戻ってくるとしても一月当たりの負担が四万、五万となると軽い負担ではありません。よく介護支援専門員(ケアマネジャー)などと相談し、介護計画をつくる段階から自己負担の額も計算してもらうことが必要でしょう。

3——介護保険の課題

介護サービスの供給量

二〇〇一年五月現在、介護保険の要介護認定者数は、全国で約二百六十三万人。在宅、施設別のサービス利用者は、在宅サービス利用者が約百三十八万人、施設サービス利用者は約六十四万人となっています。残りの約五十数万人については、病院に入院したり、認

表5-3　要介護認定状況

要介護（要支援）認定者数（人）

要支援	要介護1	要介護2	要介護3	要介護4	要介護5	総数
323,481	723,829	498,743	363,592	370,482	347,548	2,627,675

居宅介護（支援）サービス受給者数（人）

要支援	要介護1	要介護2	要介護3	要介護4	要介護5	総数
216,097	456,354	279,944	173,339	135,946	120,294	1,381,974

施設介護サービス受給者数（人）

介護老人福祉施設	介護老人保健施設	介護療養型医療施設	総数
301,695	235,859	107,663	645,217

（2001年5月現在）

定は受けたが当面はサービスの利用を希望しない者となっています。

要介護度別の人数では、もっとも多いランクは要介護度一の二八％です。

事業者数も増加しており、在宅サービスの指定事業者数は約二十八万六千（診療所などの「みなし指定」含む）。事業主体は社会福祉法人、医療法人、営利法人の三者で約三〇％を占めますが、農協や生協や非営利法人も参入しています。が、一部の事業者は地域とのつながりが薄く、事業所を撤退するケースも出ています。サービス利用量も増加しています。二〇〇〇年四月時点での九十六市町村調査（厚生省）では、サービス利用者が二〇％以上増加し、従来利用者の六三％がサービス量が増加と答えています。ただし、一割の利用料負担を考えて、必要なサービスを受給しない例もみられるようです。

介護保険の最大の課題は、「保険あってサービスなし」という懸念を解消することです。在宅でも施設でも、利用者がサービスを選択できる水準の量がなければ、保険を導入した意義が薄れてしまいます。そのためには、多くの良質の民間事業者が参入し、事業者の経営が安定することが必要です。事業者の収入源は、介護報酬です。介護報酬が安いと事業者の経営は苦しくなり、撤退する事業者さえ出てきかねません。地域の社会福祉協議会のサービスなどとの競合もあります。

介護保険導入の大きな狙いは、民間主導の介護サービスの供給量をいかに増やしていくか、サービスの質の向上をいかに確保するかでしたが、今後とも重要な課題であり続けるでしょう。サービスの量や水準の向上は保険料の上昇とうらはらの問題です。効率的で質の高いサービス供給体制を確立していかなければなりません。

介護基盤の地域格差と保険者の再編

介護保険は各市町村が保険者です。地域独自のサービスの展開などを可能にするため、分権型の制度設計としたのです。このことは両刃の剣で、熱心な自治体はいろいろ工夫しますが、そうでない場合は、保険料も安く抑え、工夫もあまりしません。ですからどうしても介護サービスの地域格差が生じてきます。保険料もサービス量も異なって当然ですが、最低限のサービスは確保しなければなりません。

施設サービスでも在宅サービスでも一定量以上の需要がなければ、効率的にサービスが提供できません。現在議論されている市町村合併も介護保険施行が一つのきっかけになっています。三千三百を超える自治体を再編していく必要があるでしょう。

もう一つ要請されるのは、保険財政の安定化です。市町村には第二の国保となるのではないか、一般会計からの穴埋めが膨らむのではないか、との懸念があります。一般に、保険は危険分散のシステムであり、加入者が多くなればなるほど危険を分散でき、保険財政も安定します。国民健康保険は、保険といいつつも、給付費の半分を国が持ち、それ以外にも財政安定のため多額の税金が使われています。介護保険も公費が半分、保険料が半分で給付費をまかなうよう設計されていますが、保険料徴収がうまくいかなかったり、サービス量の伸びに応じて保険料を上げることが難しくなると、税の投入を考えなければならなくなります。

小さい保険者のままでは、一般会計からの穴埋めには限界があります。また、要介護者を増やさないための介護予防対策や介護保険以外の高齢者福祉政策の展開にも限界があります。保険財政を安定化させ、多様な福祉施策を展開するためにも、市町村規模の広域化は避けて通れない課題です。

要介護認定基準の改定

介護保険のサービスを受けるためには、要介護認定を受ける必要があります。要介護認定が公平に行われるよう、認定基準をさらに改善していく必要があります。現在の要介護認定には、①現行の認定基準の介護時間には施設での介護時間が使われており在宅サービスには不適切、②痴呆性老人のランクが低く出る、などの問題点が指摘されています。

設備の整った施設での介護時間と在宅での介護時間に差が出るのは当然ですが、介護保険施行までの時間が短く、その差を十分認定基準に反映させるだけの時間がありませんでした。痴呆性の問題は、身体介護の必要性は少なくても、徘徊などの行動が繰り返されると目が離せないなど一般の要介護者と介護の内容が異なっていることに起因します。

個々の要介護者にもっとも必要とされる介護は何か、痴呆性の問題も含め、もう一度深く検討する必要があります。厚生省では二〇〇〇年度中に高齢者の介護の実態に関する調査を実施しており、その結果を踏まえ具体的な改善方法を検討中です。公正、適切な認定基準になるよう、早期改定が望まれます。

また、認定から漏れた人たちへのサービスの問題があります。介護保険の対象にならなくても福祉サービスを必要としている人は存在します。たとえば元気な高齢者であってもデイサービスを利用して仲間と楽しく遊びたい、料理をつくるのが億劫《おっくう》なので配食サービスを頼みたい、などです。要介護に陥ることを防止する予防対策と合わせて、福祉を求める高齢者に応えていくことも必要です。本来は、介護保険を必要としない社会が望ましいのですから。

ケアプランとケアマネジャー

介護保険で要介護認定が行われると、要介護者にもっともふさわしいケアプランを作成することになります。ケアプランの作成を担当するのがケアマネジャー(介護支援専門員)です。鳴り物入りで養成されたケアマネジャーも、複雑な支給限度額の管理に追われ、良質なケアサービスをいかに確保するかまでは手が回っていないといわれています。

ケアプラン作成の介護報酬単価も低く、人材確保にも支障が出ているようです。適切なケアプランが要介護者の介護内容を決定します。もちろん、まだ十分なサービスメニューも量もなく、ケアプランを作成しようにもサービスを選択できないという事情もあります。

介護保険の成否を左右するのは、ケアマネジャーがどのような役割を果たせるかということです。要介護者や家族の相談にのり、適切なケアプランをつくるためには、豊富な知識に加えて実務経験が必要です。そのため、介護支援専門員の試験を受けるには、医療や保健、福祉などの一定の実務経験が受験資格となっています。

介護保険施設や在宅サービス供給事業者には、ケアマネジャーを置くことが義務づけられています。現在まで約十六万人の人たちが資格をとりましたが、現役の看護婦など在職中の人が多く、実際にはケアマネジャーの仕事には就いていません。

ケアマネジャーの仕事が魅力的なものになるには、介護報酬の引き上げによる待遇改善に加えて、良質なサービスが増えて、適切なケアプランが作成できる介護基盤が整備されることが必要でしょう。

6章……社会福祉・社会手当・生活保護……

1――進む社会福祉改革

改革の必要性

わが国の社会福祉は、いま大きな転換点にあります。社会福祉を必要とする人たちが増えてきたからです。高齢者のみならず、障害者そして児童という社会福祉の主要な対象分野全体で利用者のニーズが増加しています。一方、供給側の態勢はどうだったのでしょうか。従来の福祉制度は、サービスの実施の有無、提供主体の決定、供給量等について行政庁が一方的に決定する仕組みでした（措置制度）。行政処分の一種です。措置の対象者（利用者）が事業者を選択できず、事業者と措置の対象者の間の権利・義務関係が不明確だといわれていました。

措置する場合、具体的には保育所や特別養護老人ホームなどの入所者を決定する過程が不明朗だともいわれています。定員に空きがあれば、そんなに問題はありません。問題は空きがない場合です。大都市部での保育所や特別養護老人ホームには、入所を待つ多くの人がいます。そこで、数年前から社会福祉の基礎構造改革に向けた検討が「中央社会福祉審議会」で検討され、二〇〇〇年の通常国会で「社会福祉事業法」の改正が行われました。福祉の供給側を需要に合わせようという試みがようやく始まったのです。

厚生省の「中央社会福祉審議会・社会福祉構造改革分科会」は、一九九八年六月「社会福祉基礎構造改革について(中間まとめ及び追加意見)」を発表しました。社会福祉の基礎とは、わが国の社会福祉を形成してきた社会福祉の供給構造のことを指します。主に、①社会福祉事業の範囲の見直し、②社会福祉法人の在り方、③サービス利用の方法(措置制度の見直し)、④権利擁護、⑤施設整備の在り方、⑥サービスの質と効率性の確保などに分かれます。その中で改革の必要性を次のように述べています。

「社会福祉の基礎構造ともいえる社会福祉事業、社会福祉法人、福祉事務所などについては、戦後五十年の間、基本的な枠組みに変更が加えられていない。国民が社会福祉に求めるものは、今後ますます増大するとともに多様なものになると考えられるが、現状のままでは、このような要請に十分対応していくことは困難である。……今こそ、社会福祉の基礎構造全般について抜本的な改革を実行し、強化を図っていく必要がある」

社会福祉の枠組みそのものの見直し、とくに福祉需要が変化することに対応するための供給側の見直しをはかろうとしているのです。

社会福祉の三分野

社会福祉には大きく分けて、高齢者福祉、障害者福祉、児童福祉の三つの分野があります。高齢者、障害者、児童に社会福祉サービスを必要とする人たちが多いからです。それぞれの分野ごとに次の法律があり、サービスの対象となる人の定義やサービス内容を定めています。

①児童福祉法、②母子及び寡婦福祉法、③老人福祉法、④身体障害者福祉法、⑤知的障害者福祉法、⑥精神保健及び精神障害者福祉に関する法律

わが国の社会福祉の特徴は、法律に基づく、障害別・年齢別のサービスや施設が細かく分かれていることです。施設に収容してサービスを提供する時代はそれでよかったかもしれません。が、現在では、できるだけ住み慣れた地域の在宅でサービスを提供しようとしています。そうなると、障害の種別に応じた専門的サービスの前に、自立生活を支援する生活支援サービスが重要になります。

また、三つの分野とも福祉ニーズは多様化・高度化しています。基礎的なニーズには公的サービスで対応し、多様で高度なニーズには民間の力を活かしていくなど、公と民の役割分担と連携が大切になってきています。

施設と在宅福祉サービス

社会福祉事業法（改正後は社会福祉法）および個別の社会福祉の法律による社会福祉施設は

現在、六万一千百九十七ヵ所あり、利用者定員は約二百六十四万人です。経営主体別の区分では、公営、私営がそれぞれ三万ヵ所弱と半々です。わが国に現在ある社会福祉施設の種類は、次ページの表6-1のとおりです。

近年、地域福祉、在宅福祉を重視すべきとの考えが広まり、国の施策として推進されてきました。福祉サービスには、施設でサービスを提供するものと在宅でサービスを提供するもの、その中間に、施設に通ってサービスを受ける通所サービスがあります。

在宅でのサービス提供を徹底していけば、施設はいらなくなるのでしょうか。施設は地域福祉の拠点としての役割を今後とも果たしていくものと思われます。自宅で面倒をみきれない重度の要介護者や障害者の施設ニーズは依然高いものがあります。わが国の貧困な住宅事情が在宅でのサービス供給を不可能にすることすらあります。在宅でみていても家族の負担軽減をはかるため、デイサービス(日帰りサービス)やショートステイ(短期滞在)を大いに利用すべきでしょう。これらのサービスの大部分は、施設で提供されています。特別養護老人ホームなどに併設されている例が多くなっています。

高齢者向けのサービスは、施設、在宅とも一九九〇年から始まったゴールドプラン(その後、新ゴールドプラン)によって飛躍的に数が増えました。一方、障害者向けの施設やサービスは、高齢者対策の陰に隠れて、依然不十分なままです。障害者を家に抱える家族の負担

表 6-1　施設の種類別施設数と定員（平成 8 年 10 月 1 日現在）

施設の種類	施設数	定　員
総数	61,197	2,641,717
保護施設	340	21,756
（例：救護施設）	(177)	(16,441)
老人福祉施設	15,000	338,976
入所施設	5,145	338,102
（例：特別養護老人ホーム）	(3,458)	(235,992)
通所施設	9,855	874
（例：老人日帰り介護施設）	(4,793)	—
身体障害者更生援護施設	1,394	46,995
入所施設	886	46,315
（例：身体障害者療護施設）	(285)	(18,014)
通所施設	508	680
（例：身体障害者福祉センター）	(240)	—
婦人保護施設	52	1,704
児童福祉施設	33,217	2,008,279
入所施設	2,096	78,706
（例：養護施設）	(527)	(32,699)
通所施設	31,121	1,929,573
（例：保育所）	(22,438)	(1,917,206)
精神薄弱者援護施設	2,449	128,937
入所施設	1,513	93,368
（例：精神薄弱者更生施設）	(1,125)	(76,247)
通所施設	936	35,569
（例：精神薄弱者授産施設）	(656)	(24,980)
母子福祉施設	94	—
精神障害者社会復帰施設	285	5,407
入所施設	190	3,206
（例：精神障害者生活訓練施設）	(98)	(2,075)
通所施設	95	2,201
（例：精神障害者通所授産施設）	(91)	(2,091)
その他の社会福祉施設等	8,366	89,663
（例：無料低額診療施設）	(241)	(53,897)

（注 1）保護施設の定員には医療保護施設を含まない。
（注 2）児童福祉施設の定員には助産施設、母子寮を含まない。
（注 3）その他の社会福祉施設等の定員には無料低額診療施設を含まない。
（注 4）母子寮の定員は世帯数である。

はきわめて重いものがあります。障害者向けのデイサービスやショートステイなど家族負担軽減のための施策を強力に推進していく必要があります。

安心して子どもを生み育てることのできる環境づくり

近年、わが国の合計特殊出生率は急速に低下しています。一九九〇年にはいわゆる「一・五七」ショックという言葉さえ生まれました。現在、合計特殊出生率は一・三四まで低下しています。一・五七ショックからエンゼルプランや育児休業法の制定などかってない政策が実施されてきましたが、その効果はまだ現れていません。少子化の進行は、高齢化の進行に拍車をかけます。高齢者を支える人たちが減るからです。

子どもを産むか産まないかは、本来、個人の自由な選択に委ねられるのが原則です。が、現実には現代の夫婦が理想とする子どもの数は二・五三人（厚生省調べ、一九九七年）であるのに対し、実際の完結出生児数は二・一七人と開きがあり、出産適齢期にある夫婦が出産をためらうなんらかの要因があるのは確かです。少子化の最大の要因は、未婚率の上昇にあるといわれています。産みたいのに産めない要因を除去したり、生まれた子どもが健全に育ちうる環境をつくることは、社会的に必要なことであり、国や地方公共団体が子育て支援策を打ち出すことは一定の政策的根拠を持っているように思います。

エンゼルプランとは、一九九四年十二月、大蔵・厚生・自治大臣合意の「当面の緊急保育対策等を推進するための基本的考え方」の別名です。高齢者福祉の新ゴールドプラン、障害者福祉の「障害者プラン」に対応するものです。出生率の低下を招いている子育てのさまざまな要因を個々に取り除いていこうという発想に基づいています。一九九九年十二月には新エンゼルプランが策定されました。多様な保育サービスの促進、育児休業や短時間勤務など仕事と子育ての両立のための雇用環境の整備、地域で子どもを育てる教育環境の整備など具体的項目があげられています。

社会福祉基礎構造改革を先取りするかたちで、一九九七年に児童福祉法の改正が行われました。保育所の入所手続きも大きく変わりました。申請に基づく行政による処分（措置）で行われていた入所が、利用者との契約に基づいて、行政は「保育の実施」を行うことになりました。「措置」から「契約」への変更です。ただし、入所定員に余裕がなければ、契約のしようがありません。大都市部（とくに近郊の住宅地）では、保育所待機児童が多くいます。定員をオーバーしている地域では、従来どおり、優先度を考慮して入所を決定せざるを得ませんから実質的な変更にはなりません。

働く親がもっとも保育所に望んでいるのは、入所定員の増大です。とくに手のかかる零《ゼロ》歳児を含む低年齢児の定員枠はいっぱいで、多くが無認可保育園に預け、定員があくのを

図6-1　年齢別児童家庭福祉施策の一覧

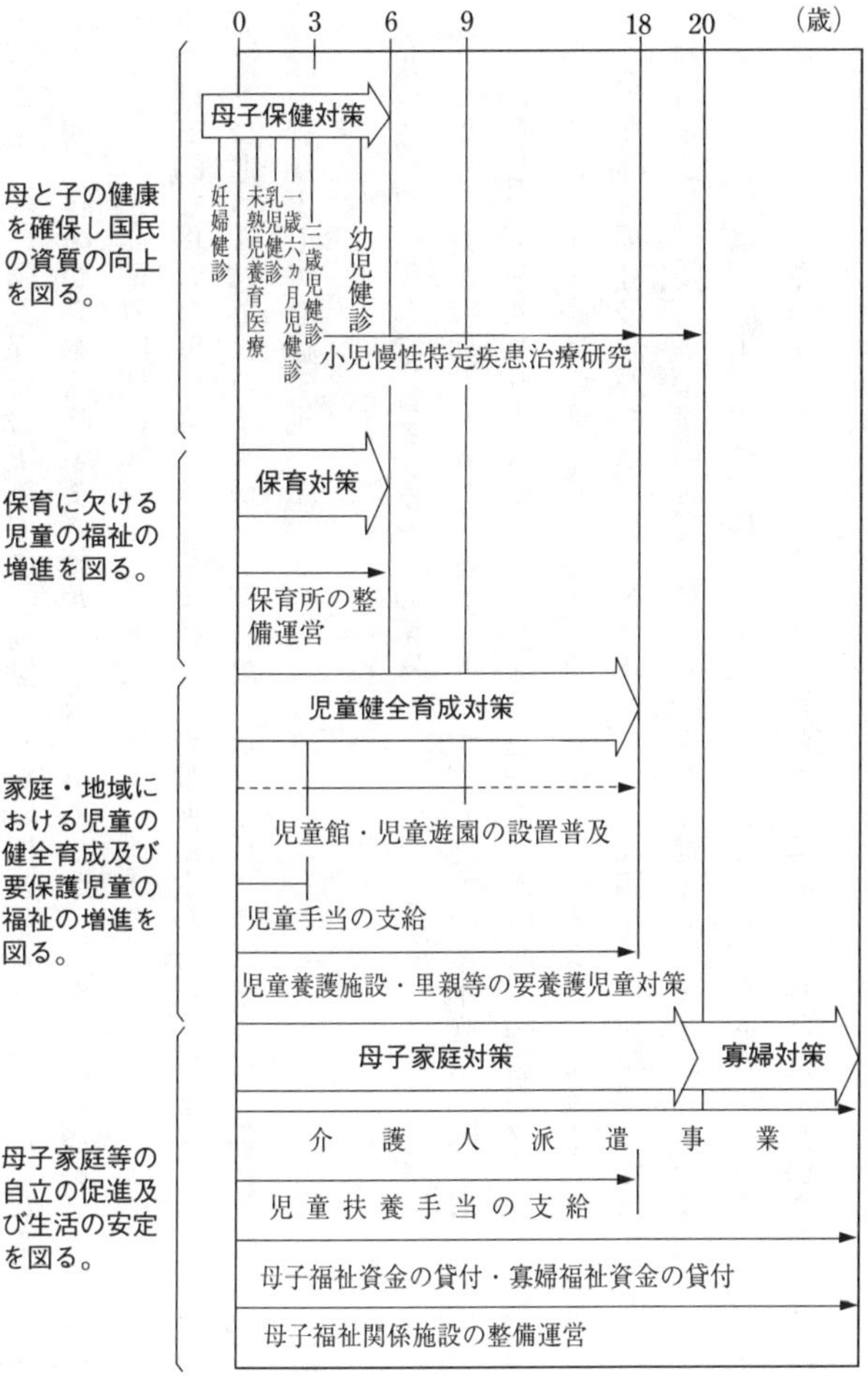
0
3
6
9
18
20
（歳）
母と子の健康を確保し国民の資質の向上を図る。
母子保健対策
妊婦健診
未熟児養育医療
乳児健診
一歳六ヵ月児健診
三歳児健診
幼児健診
小児慢性特定疾患治療研究
保育に欠ける児童の福祉の増進を図る。
保育対策
保育所の整備運営
家庭・地域における児童の健全育成及び要保護児童の福祉の増進を図る。
児童健全育成対策
児童館・児童遊園の設置普及
児童手当の支給
児童養護施設・里親等の要養護児童対策
母子家庭等の自立の促進及び生活の安定を図る。
母子家庭対策
寡婦対策
介護人派遣事業
児童扶養手当の支給
母子福祉資金の貸付・寡婦福祉資金の貸付
母子福祉関係施設の整備運営

待っています。次に延長保育の実施です。通勤に長い時間がかかる大都市部ではとくに要望が強く、朝七時頃から夜八時頃まで預かる必要があります。労働時間の短縮はもちろん必要なことですが、通勤時間は短縮できません。

従来の硬直的な保育制度から、多様で柔軟な保育制度が求められています。エンゼルプランで徐々に進められてはいますが、まだまだ不足しています。とくに大都市近郊の住宅地では緊急課題として整備を進めるべきでしょう。

「障害者基本法」の制定と「障害者プラン」の策定

一九九三年に「完全参加と平等」を理念とした障害者施策の基本立法「障害者基本法」が制定されました。一九九五年には長期計画の重点施策実施計画「障害者プラン」が策定され、障害者に対する各種のサービス等の計画的整備を進めることになりました。一九九〇年から、高齢者福祉の分野ではゴールドプラン、一九九四年から児童福祉ではエンゼルプランが策定され、障害者福祉の分野だけが計画もなく進んでいました。

「障害者プラン」は、雇用、福祉、住宅、生活環境などを含む総合的なプランで、項目ごとに達成目標が明示されました。年度ごとに予算がつけられ、進捗状況が公表されます。これにより、着実な実行が担保されています。

表6-2　障害者数（単位：万人）

		総数	在宅者	施設入所者数
身体障害児・者		317.7	301.5	16.2
	身体障害児（18歳未満）	9.0	8.2	0.8
	身体障害者（18歳以上）	308.7	293.3	15.4
知的障害児・者		41.3	29.7	11.6
	知的障害児（18歳未満）	9.6	8.6	1.1
	知的障害者（18歳以上）	30.1	19.5	10.5
	年齢不詳	1.6	1.6	0
精神障害者		約217	－	－

急速な少子・高齢化が進行しており、どうしても世間の関心や施策の重点は、高齢者や児童の福祉のほうにいきがちです。が、もっとも困難な自立への道を懸命に模索している障害者やその介護にあたっている家族は、わが国社会でもっとも援助を必要としている人たちです。高齢者や児童の福祉以上に注目し、施策を拡充していく必要があります。

障害は大きく、身体障害と知的障害に分かれます。複合する場合も多くあります。施策体系も身体障害者福祉と知的障害者福祉に分かれています。医療の要素が重視される精神障害者の福祉もあります。さらに、最重度から軽度までの障害の程度があります。これらの程度は、障害等級として決められ、等級に応じた施策が展開されています。身体障害者福祉法は、都道府県知事から「身体障害者手帳」の交付を受けた人を「身体障害者」としています。同法に基づく援護措置や税の減免、公共交通運賃の割引など他の施策による援護を利用するためには、手帳を持っていなければなりません。手帳は十八歳未満の児童にも申請により交付されます。知的障害者には「療育手帳」が交付されます。ただし、この手帳は知的障害者福祉法に根拠を持つものではなく、厚生労働省の通知で行われています。

障害者福祉施策は、障害者プランの策定により、メニューは豊富に用意されています。プランの裏付けとなる予算の着実な配分によって、量と質を確実に拡充していかなければなりません。

障害者の雇用

自立や社会参加の基本は、十分な収入を得ることです。十分な収入がなければ、他のどんな施策が行われても自立は困難です。収入を得るには、職に就くことが必要です。養護学校などを卒業した障害者が、自立できる職業に就くことはきわめて厳しい状況です。そのため、法律に基づく授産施設や共同作業所が設置されて、障害者が共同して働いています。が、これらの作業から得られる賃金はきわめて低額で、自立した生活を送るには不十分です。

表6-3 「障害者の雇用の促進等に関する法律」に基づき定められた雇用率（平成10年7月1日以降適用）

○民間企業	一般の民間企業	1.8%
	特殊法人	2.1%
○国、地方公共団体		2.1%
一定の教育委員会（注）		2.0%

（注）一定の教育委員会とは、都道府県に置かれる教育委員会、その他労働大臣の指定する教育委員会である。

障害者の一般企業への就職の困難は、障害によって仕事遂行能力が欠如しているとみられること、職場環境が障害者を受け入れるものになっていないこと、障害者に適した職場がないこと、などによるものと思われます。障害者の雇用を促進するため、「障害者の雇用の促進等に関する法律」が制定されています。政府はこの法律に基づき障害者雇用率制度を設け、民間企業や公務員への一定比率の障害者雇用を義務づけています。雇用率に達しない企業へは罰金を課し、その罰金をプールし、雇用率を達成した企業に奨励金を支払っています。

現在、一・八％（民間企業、常用労働者数五十六人以上）の雇用率を達成している企業の割合は、約四五％です。一〇〇パーセント早期達成が望まれます。ある企業では、障害者だけの子会社づくりを進めています。そうすれば最初から障害者向けの職場環境をつくることもできます。子会社の雇用も、親会社の雇用率の数に含まれます。障害者の雇用を進めるには、企業の多様な取り組みを援助することが重要です。重度の障害者は、一般企業に就職するのは不可能なこともあります。授産施設や共同作業所の果たす役割も重要で、これらの施設数の増加、補助の拡充を行っていく必要があるでしょう。

福祉の中心を担う専門職

福祉ニーズがますます多様化、高度化するにつれ、福祉の現場で働く人にも一定の専門性が求められるようになり、国家資格創設の要望も高まってきました。一九八七年に「社会福祉士及び介護福祉士法」が制定されました。一九九七年には「精神保健福祉士法」が制定され、病院などで働くソーシャルワーカーのうち精神保健部門に働く人のみが対象となりました。一九九九年には人事院勧告に「福祉職俸給表」の新設が盛り込まれ、国家公務員のうち福祉職としての俸給表が適用されるようになりました。これは一般の行政職より若干給与が高めに設定されています。仕事の評価と人材確保の両面があります。

国家資格ではありませんが、厚生省が示した基準を満たすカリキュラムを受講した人にホームヘルパー三級、二級、一級の資格を与える制度があります。専門学校などで頻繁に講座が開かれています。介護保険法が施行され、ホームヘルパーに従事する人には、ホームヘルパー二級以上の資格が求められるようになりました。ホームヘルパーは仕事がきついのに、待遇があまりよくない、との不満があり、そのことが人材確保にも影響してきています。介護保険法の下では、ホームヘルパーは身体介護や家事援助を担う中心的役割を果たしています。仕事の正当な評価をすることが、介護の質の向上にとって大切です。

社会福祉士と介護福祉士は法律に基づく国家資格です。受験するには、一定の実務経験や受験資格が必要です。社会福祉士は、高度な知識と現場での実践を踏まえ、コーディネーター（調整役）としての役割が期待されています。またその分、社会福祉士試験受験資格を取得するのも難しくなっています。現在まで養成された社会福祉士は約二万五千人であり、介護保険の時代を迎えてケアマネジャーとしての仕事にもっともふさわしい資格である社会福祉士のなり手を増やすことが求められています。

介護福祉士は、現場で働く人の資格です。介護福祉士は法律で規定された資格ですので、ホームヘルパー資格よりも一段上というか、上級の資格のようにみられています。受験資格は社会福祉士より緩やかで、一定期間の実務経験が必要となっています。社会福祉士と比べて、受験者も合格者も格段に多くなっており、潜在的なニーズが高かったことを示しています。これまでの合格者数は約十二万二千人です。社会福祉士や介護福祉士をへて、ケアマネジャーになる人も増えています。高齢社会を担う大切な仕事に多くの若い人が進出することが期待されています。

2――社会手当の役割と種類

社会手当の三種類

社会手当という言葉はあまりなじみがないかもしれません。社会保険という言葉ほど社会に定着していません。社会手当とは無拠出（拠出を要しない）の給付で、支給対象に該当する人たちの申請に基づき支給されます。財源は税あるいは事業主の拠出です。児童手当にだけ事業主の拠出があります。個人の拠出はありません。ここが社会保険と根本的に異なるところです。社会保険が加入者相互の助け合いの側面を持っているのに対し、社会手当は税あるいは事業主の拠出を財源とした一方的な給付です。

税を主な財源とすることから、わが国の社会手当は所得制限を設けています。もちろん税を財源としても所得制限を設けないことは可能ですが、厳しい財政状況から、豊かな人も含む無差別な給付に対する理解はまだないのが実情です。社会手当には次の三種類があります。

①児童手当、②児童扶養手当、③特別児童扶養手当

児童手当は小学校就学前の子を持つ親に支給されます。児童扶養手当は離婚し一人で十八歳未満の子どもを育てる母親に支給されます。特別児童扶養手当は二十歳未満の障害者

を持つ親に支給されます。いずれも所得制限があります。

社会保障の給付やサービスには、普遍的給付と選別的給付があります。普遍的給付とは給付対象を制限することなく必要な人に無差別に給付することです。一方、選別的給付はなんらかの条件を設けて、条件に合う人だけに給付することです。所得制限はそのような条件の一つです。生活保護を受給する場合は所得調査に加え、資産調査も行われます（ミーンズテスト）。社会手当は資産調査がない分、所得調査という条件は緩やかな条件です。が、給付が制限されることはたしかです。

現実に、児童手当の支給対象年齢の子を持つ親のうち、受けていない人が一五％います。本来なら児童手当の目的は、法の目的に書かれているように「子どもの健全な発達」です。本来の目的に合致するよう給付をすればいいのです。所得制限を設けることは、本来の目的に加えて低所得者対策という意味をもつことになります。欧州諸国では児童手当に所得制限を課す国は少数です。児童手当が多くの子をもつことによる支出の増加に対応する社会保障ととらえられているからです。もともとの所得が多いか少ないかは関係ないのです。

児童手当の沿革

「多子は貧困の有力な原因である。家族数と所得との不均衡は、扶養家族の生活費を保障

する家族手当によって解決されるべく、この制度は失業や疾病などに対する社会保険に先行すべきものである」(ベヴァリッジ)

貧困に陥る要因には「所得の減少」と「支出の増加」の二通りあります。子どもが多く養育にお金がかかるとき、養育費の増加は家計を圧迫します。医療費は病気にかかったときだけの臨時的な出費ですが、養育費は恒常的な出費です。養育費の増加に関して、日本の企業の多くは賃金に加えて家族手当や扶養手当を支払ってきました。戦後すぐの混乱期には、いずれの人も食うに困る状態にありました。労働組合の賃上げ攻勢の中で、多くの企業で家族手当が賃金制度として制度化されました。

本来、賃金は労働の対価です。労働に無関係な家族構成に伴う手当を支払うことは本来不合理であり、賃金が低いならば賃金(本給)そのものをあげなければなりません。賃金は民間分野の話です。国がどうこうしろといえるものではありません。企業の家族手当の存在は、社会保障としての児童手当の必要性を小さくする要因となりました。

もう一つ、児童手当創設の障害となったのは、過剰人口論です。狭い国土に一億二千万を超える人々が暮らしています。明治以来、一貫して日本の人口は増加しています(二〇〇七年から初めて減少に転じる)。とくに昭和三十年代、四十年代の伸びは大きいもので、都市では過密が問題となりました。騒音、通勤ラッシュ……。過密の弊害は大きく、人口増につながるかもしれない児童手当の創設には否定的意見が多かったのです。

一九六二年の「社会保障制度審議会第三次勧告」は児童手当の必要性を次のように述べました。

「疾病、負傷、分べん、死亡の際の治療費、出産費、葬祭費の支出は、わが国においても早くから貧困の原因と考えられ、医療保険によって給付が行われてきた。これに対し、多子による貧困を防止するための施策はながらく放置されてきた。母子福祉年金の創設が契機となって、生別母子家庭等に対する児童扶養手当制度がはじめられたけれども、これだけでは多子による貧困は防止しがたく、西欧諸国に比べて大きなたちおくれがある。いまや、本格的な児童手当制度を発足させるべきであろう」

この勧告から十年後の一九七二年、ようやく児童手当は実施されました。「難産の子はよく育つ」といわれますが、児童手当制度の創設以来の経緯を振り返ると、よく育ったとはとてもいえません。創設当初は、第三子以降が対象で、手当月額三千円、五歳未満（その後、対象年齢は十歳未満から義務教育終了前まで、手当月額は四千円、五千円と段階的に引き上げられた）でした。第三子以上が対象ですから、そんなに数は多くありません。児童手当の創設そのものが妥協の産物だったのです。

支給対象児童の拡大は制度発足時からの課題でしたが、一九八六年改正でようやく実現しました。支給対象児童を第二子に拡大しましたが、同時に、段階的に支給期間を義務教育就学前までに短縮しました。手当月額は第二子二千五百円、第三子以降五千円でした。次の大きな改正は一九九二年です。支給対象児童を第一子からとし、支給期間は三歳未満とさらに短縮しました。手当月額は第一子と第二子が五千円、第三子以降は一万円となりました。

支給期間が義務教育就学前までに

少子化がさらに進行し、児童手当の拡充が子育てへの経済的支援策として、大きな政治課題となったのが、一九九九年でした。拡充策がいろいろ議論されましたが、財源がネックとなり、二〇〇〇年改正は中途半端なものとなりました。二〇〇〇年改正を踏まえて、現行制度を整理すると以下のようになります。

受給者は、①日本国内に住所を有すること、②義務教育就学前の児童を監護し、かつ、その児童と一定の生計関係にあること、③前年の所得が一定の額に満たないこと、であり他の社会手当と同様の所得制限が設けられています。支給対象は第一子からで、支給対象年齢は義務教育就学前（六歳到達後初めての年度末まで）です。支給対象児童数は約六百六十万人です。支給率（支給対象児童を持つ世帯で児童手当を受給している世帯の割合）は所得制限が緩和された影響で、七三％から八五％へと拡大しました。

支給月額は、第一子五千円、第二子五千円、第三子以降一万円と変わりありません。総給付費は、約四千三百億円（公務員分含む）で、事業主拠出金約一千二百億円、国庫約一千九百億円、地方約一千三百億円です。支給対象年齢が拡大された三歳から義務教育就学前の支給にかかわる財源には事業主負担分はなく、財源の大半は、所得税の子の扶養控除の割増十万円分を廃止することで捻出しました。

児童手当の課題

児童手当の拡充をめぐって議論が百出するのは、児童手当の性格づけが明確になっていないことが原因のようです。西欧諸国では、労働の対価としての賃金を前提に、「多くの子を持つ」ことによる生活費増↓「貧困の危機」に対処するための社会保障として、児童手当は重要な位置を占めています。ところが、わが国では多子による支出増という問題に、賃金への付加的要素としての家族手当（扶養手当）と、税制上の扶養控除で応えようとしてきました。児童手当の創設が他の社会保障に比べ大幅に遅れ、現在までも大きく育っていない要因がここにあります。

出生率低下という危機を前にして、ようやく児童手当に陽があたった状態です。さて、見直しの方向はどうあるべきなのでしょうか。「多子」という事実を、明確に社会保障の対象に位置づけ、児童手当をその危機に対処する制度とすべきでしょう。そのためには、支給期間や支給額をもっと意味あるものにしなければなりません。この位置づけがはっきりすれば、企業の家族手当、税制上の扶養控除を縮小、廃止の方向で調整していくべきでしょう。

意味ある児童手当は、少なくとも支給期間は義務教育の終了まで、支給額は現行の倍、すなわち第一子、第二子は一万円、第三子以降二万円とすべきでしょう。所得制限は公平性の観点からなくすことが望ましいと思われます。十六歳未満の児童は約二千万人いますので、このような支給額とすると給付総額は約三兆円にものぼります。現在の児童手当の総給付額は約四千三百億円ですので、約七倍となります。

拡充できる財源に限りがある場合、支給期間と支給額は二律背反の関係にあります。支給期間を延長すれば、支給額は据え置き、支給額を増やすならば支給期間を短縮することになってしまいます。児童手当を社会保障の柱に位置づける立場からは、税金の大幅投入が望ましいと考えますが、現在の財政事情を考慮すると全般的な歳出削減をはかった上でなければむずかしいものと思われます。

児童手当を義務教育終了までとすると、次のような反論がくるかもしれません。「いちばん金のかかるのは、高校、大学の教育費だ」と。たしかに、平成八年版厚生白書によると、高等教育に要する費用や塾の費用などを含めた一人の子どもが成人するまでに要する費用はおよそ二千万円にのぼると試算されています。

親の教育費負担を軽減するためには、奨学金の抜本的拡充が不可欠です。義務教育から上の教育は本人の責任で勉強するようにするのです。授業費と生活費の一部がまかないきれる程度の奨学金(自宅、下宿によって住宅費負担が大幅に異なるが、月十万円程度)を支給します。それを本人が就職後に長期にわたって返済していくようにするのです。親も生活費など若干の援助をするとしても、その負担は大きく軽減されるでしょう。

その他の社会手当

児童手当以外の社会手当として、児童扶養手当と特別児童扶養手当があります。児童扶養手当は、経済的な支柱である夫を失ったり、失ったも同様の状態にある母子家庭および実質的に母子家庭と同様の世帯の母に対して、児童の心身の健やかな成長に寄与するために支給される手当です。母がいない場合は、児童を養育する人に支給されます。支給対象児童は十八歳未満です。

手当額は児童一人の場合は、月額四万二千三百七十円(一部支給の場合は二万八千三百五十円)、

表6-4　児童扶養手当の理由別受給者数と構成割合の年次比較

	昭和50年度末（'75）		平成11年度末（'99）	
	実　数	構成割合	実　数	構成割合
総　　数	251,316	100.0	664,381	100.0
離　婚	131,040	52.1	582,793	87.7
死　別	32,084	12.8	9,712	1.5
遺　棄	34,941	13.9	8,242	1.2
未婚の母	24,632	9.8	48,051	7.2
父障害	21,284	8.5	3,059	0.5
その他	7,335	2.8	12,524	1.9

二人目は五千円加算、三人目以降は一人につき三千円加算（二〇〇〇年現在）。受給者は一九九九年度末で、約六十六万人。支給理由別内訳では離婚による人が約五十八万人と圧倒的に多くなっており、近年は増加傾向にあります。

特別児童扶養手当は、二十歳未満の障害児を監護している父母または父母以外の養育者に所得保障として支給される手当です。対象児童は、満二十歳未満で障害等級一級、二級に該当する児童です。支給額は児童一人につき一級月額五万一千五百五十円、二級月額三万四千三百三十円です（二〇〇〇年度）。ただし、所得制限があります。受給者は、一九九九年度末で、約十三万九千人です。

3——生活保護の役割と課題

最後の砦

生活保護制度は、社会保障の最後の砦といわれます。憲法では「健康で文化的な最低限度の生活」を全国民に保障することが謳われています。さまざまな理由から貧困に陥った人でも最低限度の生活ができるように国が援助する制度、それが生活保護制度です。

社会保険が防貧（貧困を防ぐ）を目的としているのに対し、生活保護は救貧（貧困に陥った人を救う）を目的としています。この意味で、社会保障は社会保険と生活保護（公的扶助）が統合されたもの、と説明されることがあります。生活保護の目的は、最低限度の生活を保障するとともに、貧窮に陥った人たちの自立を援助し、よりよい生活を営めるようにすることです。社会保障制度の中で、最終的かつ包括的な生活保障手段であるといわれます。

一九五〇年に出された「社会保障制度に関する勧告」（社会保障制度審議会）では、第二編「国家扶助」として次のようにふれられています。

「国家扶助は、生活困窮に陥ったすべての者に対して、国がその責任において最低限度の生活を保障しもって自立向上の途をひらくことを目的とする。これは、国民の生活を保障するための最後の施策であることを建前とする。したがって、他のあらゆる手段によって、その生活維持に努力を払ってもなお最低生活を維持することができない場合に初めて適用されるものである」

生活保護制度は、憲法にも最低生活の保障は国の責任として規定されていますので、財政上も国が四分の三を負担しています。

生活保護のスティグマ

二〇〇〇年二月、栃木県宇都宮市で母親が二歳の娘を凍死させるという悲惨な事件が起きました。胃の中は空で食事もほとんどとっていない状態でした。収入はほとんどなく、料金の未払いから自宅の電気、ガス、水道が止められていました。飽食とも呼ばれる現代の日本で信じられないような思いをした人も多かったことでしょう。この母親は生活保護制度のことを知らなかった、といっています。この母親の消極性を責めることはたやすいことです。なぜ、もっと早く公的機関に相談しなかったのか、保育園に子どもを預けて働くことで生計をたてることはできなかったのか、いろいろな疑問も生じます。

一九九六年四月、東京の豊島区でも母子が餓死する事件がありました。当然、生活保護の対象となるべき人が申請しておらず、区役所も見つけだすことができませんでした。生活保護には一種のスティグマ（烙印）があるといわれます。生活保護を受けると周囲からそういう目で見られ恥ずかしい思いをしてしまうというのです。

生活保護は申請主義の原則です。自ら申請しなければなりません。実際には、まず市町村の福祉事務所に相談に行くことから始まります。相談しながら、福祉事務所の職員は生活保護の基準に合致していると判断すると、申請することを勧めることになるでしょう。福祉事務所長の職権で生活保護を適用する方法もあります。地域の人々や民生委員など生活状況を把握している人たちの協力も得ながら、悲惨な事例が生じないよう努力していかなければなりません。生活保護は決して恥ずかしいことではありません。憲法上の権利です。立ち直るきっかけを与えるものです。

生活保護の目的と基本原理

生活保護法では生活保護の目的を次のように規定しています。

「日本国憲法第二十五条に規定する理念に基づき、国が生活に困窮するすべての国民に対し、その困窮の程度に応じ、必要な保護を行い、その最低限度の生活を保障するとともに、その自立を助長することを目的とする」(第一条)。

生活保護の基本原理は、①無差別平等の原理、②最低生活保障の原理、③補足性の原理です。補足性の原理とは、生活保護は、生活に困窮する者が、その利用しうる資産、能力その他あらゆるものを、その最低限度の生活の維持のために活用することを要件として行われ、また、民法に定める扶養義務者の扶養及び他の法律に定める扶助は、すべてこの法律による保護に優先して行われるものとする（第四条）、ことをいいます。

最低生活の保障は、日常生活に必要な各種の需要を満たすものでなければなりません。要保護者の年齢別、性別、世帯構成別、所在地域別、保護の種類等を考慮し、最低生活需要を十分に満たすものとして、一般勤労者の消費支出等を参考にして、生活保護基準は決められます。基準策定の考え方は、時代により変遷しましたが、現在は「消費支出格差縮小方式」が用いられています。生活保護基準は厚生大臣が定めます。具体的に、各扶助ごとに分けて、扶助基準が設定されています。年齢別、世帯人員別、所在地域別に細かく設定されています。

世帯人員別の生活扶助基準については、家計の弾力性に乏しい少人数世帯の特性や世帯人員別の消費構造の違いを考慮し、一般世帯における世帯人員別の消費支出の実態に合わせるよう是正をはかることにしています。

生活保護の扶助の種類

生活保護の扶助の種類は次の八つです。

①生活扶助　飲食物費、被服費、光熱水費、家具什器等日常生活上の基本的需要を満たすものです。
②教育扶助　義務教育就学中の児童・生徒の義務教育に伴って必要な需要を満たすための扶助です。
③住宅扶助　家賃、間代、地代等にあてるための費用です。
④医療扶助　医療扶助は、指定医療機関での現物給付が原則です。病院等で医療を受けるには、福祉事務所が発行する医療券が必要です。
⑤出産扶助　施設や居宅での分娩に必要な費用にあてるものです。
⑥生業扶助　生活保護法の目的の一つである「自立助長」を促進するために具体化された給付です。生業費、技能習得費、就職支度費があります。
⑦葬祭扶助　死亡に伴って必要な、検案、死体の運搬、火葬又は埋葬、納骨その他葬祭のために必要なものが含まれます。
⑧介護扶助　介護保険法の施行に伴う措置として、二〇〇〇年から創設されました。介護保険法に基づく介護を現物給付します。

保護の申請と調査

生活保護を受けるには、要保護者や家族が生活保護の実施機関に保護の申請を行います。ただし、申請がない場合でも、緊急の場合などは福祉事務所が職権で保護することもあります。申請窓口は、申請者に住所があるときは、住所を管轄する福祉事務所に、申請者の住所が明らかでないときは現在地を管轄する福祉事務所です。

申請に先立つ相談や申請の受理は、福祉事務所で生活保護の業務を担当する現業員（ケースワーカー）が行います。相談窓口では、生活保護の要否や程度を決めるために、質問や調査があります。まず、生活保護の目的や仕組みについての説明がなされます。同時に保護を必要としている状況や世帯状況、資産保有状況、収入や就労状況等が質問されます。

調査は、聞き取り調査や書類の提出のほか、訪問調査、関係機関調査等も含まれます。なお、調査上の秘密は厳格に守られ、他の目的に流用されることはありません。申請を受理した場合、保護の要否を判定する必要があります。保護が必要とされる場合、保護の種類、方法、程度等を決定します。提出された書類内容や申告内容確認のため、実地調査が行われます。預貯金等金融資産についての金融機関調査等が行われます。

さらに、扶養義務者への調査が行われます。該当者に対する扶養能力調査（照会）があります。私的扶養とは、扶養義務者の経済的状況により、できる範囲で扶養すればよいとさ

表6-5　標準3人世帯の最低生活保障水準（月額）の具体的事例（平成12年度、単位円）

	1級地-1	1級地-2	2級地-1	2級地-2	3級地-1	3級地-2
	標準3人世帯（33歳男・29歳女・4歳（子））					
世帯当たり最低生活費	176,970	169,590	162,200	154,830	142,460	135,080
生活扶助	163,970	156,590	149,200	141,830	134,460	127,080
第1類	108,070	103,200	98,340	93,470	88,630	83,760
第2類	55,900	53,390	50,860	48,360	45,830	43,320
住宅扶助	13,000	13,000	13,000	13,000	8,000	8,000

（注）級地とは、扶助の額を定める際の地域別の区分。
物価水準などを考慮して、全国6つに分けている。
1級地-1は、東京都23区、横浜市、大阪市など首都圏、近畿圏の大都市。
1級地-2は仙台市、札幌市、北九州市など地方の大都市。
2級地-1は青森市、新潟市、熊本市など県庁所在地等。
2級地-2以下は、それ以外の中小市町村。

れています。稼働収入については、就労先調査、稼働能力については医療機関への照会等が行われます。

以上のことをまとめると、生活保護が受けられる場合とは、以下の条件をすべてクリアする必要があります。

①働ける人はその能力に応じて働き、

②保有を認められない不動産、預貯金、その他の資産を生活のために処分し、

③親や子、兄弟など扶養義務者からの援助を受けたり、

④年金その他の受けられる社

会保障を受けてもなお、最低生活費に足りないとき、その不足分について、保護が受けられます。

扶養義務者とは民法上、①夫婦相互、②未成熟子に対する親、③直系血族相互、④兄弟姉妹相互となっています。その他の三親等内の親族に関しては、特別の事情がある場合に、家庭裁判所の審判か調停により例外的に扶養義務を負うことになっています。

生活保護の近年の動向

最近の保護動向をみると、全体的な動向としては増加傾向で推移しています。被保護人員は一九九八年の一ヵ月平均で約九十五万人、保護率（人口千人当たりの被保護者の割合）は、七・八パーミル（千分率）になっています。被保護世帯数については、一九九五年度より増加傾向で推移しており、一九九八年三月現在で約六十四万五千世帯となっています。

終戦直後の一九五〇年には、被保護人員は二百万人を超え、保護率は約二四パーミルであったことを考えると、増加傾向にあるとはいえ絶対数は大幅に減少しています。現在の受給者の中心は、高齢者世帯や障害者世帯などで、その多くは単身者が占めています。保護動向に影響を与える主な要因としては、景気の動向等の経済的要因、高齢化の進行や核家族化等の社会的要因、実施機関の適正実施の取り組み等が考えられます。完全失業率も

図6-2　扶助別被保護実人員の推移（1カ月平均）

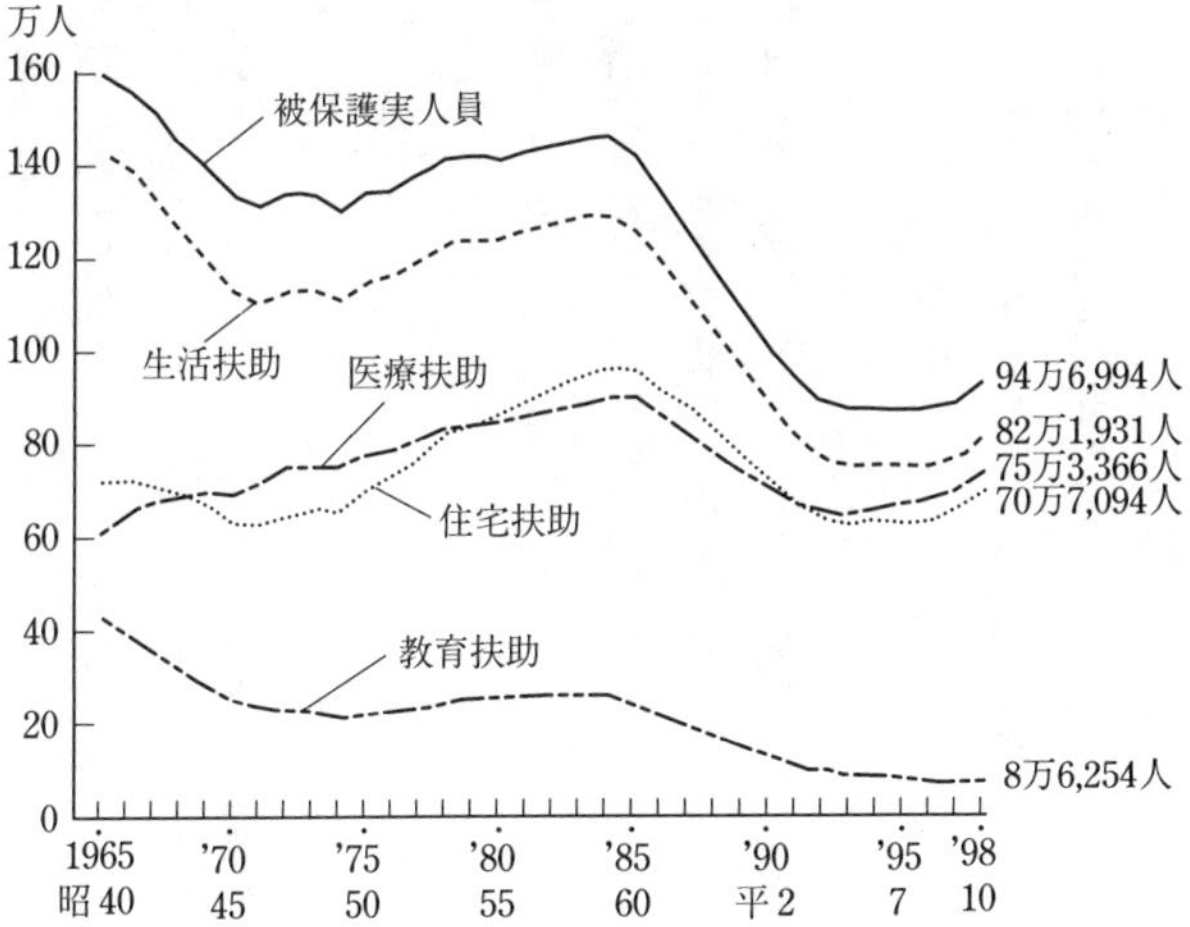

これまでの最高水準で推移していますので、これからも動向を注視していく必要があります。

昭和三十年代後半から四十年代にかけて、生活保護の不正受給が目立つようになりました。なかには暴力団員が偽って受給していた例もありました。一九八一年、「生活保護の適正実施の推進について」という厚生省局長通知が出され、全国で不正受給を許さないために、生活保護の適正化が進められることになりました。その手法は、就労指導、扶養義務の強化、厳しい資産調査です。国の税金でまかなわれる生活保護の不正受給は、もちろん許されるものではありません。しかし、行き過ぎもあったようで、保護が必要な人が保護されなかった例もあります。

　申請主義の原則のもとで、保護の対象から漏れてしまう人たちも出てきています。行政機関の職権による救済も積極的に行う必要があります。適正実施とは、不正受給の防止と必要な保護の実施です。民生委員等と連携を密にして、世帯の生活実態の把握を徹底するとともに、ケースワーク技術の向上など福祉事務所職員の資質の向上をはかる必要があるものと思われます。

生活保護の課題

　生活保護は社会保障の最後の砦といわれます。社会保険と違って、トータルな生活保障手段です。さまざまな理由から貧困に陥った人を、種々の扶助によって生活を保障し、さらに自立を支援するものです。最新の社会保障制度審議会の勧告「社会保障体制の再構築」(一九九五年)では、生活保護制度について、

「社会保険制度を中心とした前者の事前的対策が主要な役割を果たすべきであるが、後者の事後的な対策すなわち生活保護制度が、困窮に陥った国民の最後のより所として、最低生活保障機能を十分果たすよう今後も運営されなければならない」と述べています。今後とも最終的な生活保障の手段として、維持・拡充しなければならない制度です。

もちろん、貧困に陥る人が少なくなるような政策が優先して実施されなければならないことは大前提です。雇用政策、教育、住宅などの社会保障関連の施策や防貧策としての社会保険制度の拡充によって、生活保護受給世帯は減少してきました。これは、わが国の社会保障政策の一定の成功を示すものでしょう。豊かな社会といわれる今日の日本社会でも、なんらかの複合的な要因で貧困に陥る危険は存在しています。そのような人が一定の期間、生活が保障され、自立を援助する制度として、時代の変化に対応した生活保護基準の見直し、相談活動の拡充などまだまだ検討すべき課題は残されています。

7章……社会保障のゆくえ……

1――社会保障をめぐる環境変化

社会保障は社会の中で独立して存在している制度ではありません。人口をはじめとした社会状況の変化、経済の状況などからひじょうに強い影響を受けます。今日の日本では、経済の低成長と急速な高齢化という、社会保障にとって重い課題が突きつけられています。これらの状況に対応して、持続可能で安心感の持てる制度の構築が求められています。

まず、社会保障をめぐる環境変化を概観してみましょう。

高齢・少子化と地域・社会環境の変化

わが国の高齢化は急速に進行しています。六十五歳以上の人が全人口に占める割合を高齢化率といいます。図7-1のように、約三十年ごとに高齢化率は倍になっています。半世紀後の二〇五〇年には、ほぼ三人に一人が六十五歳以上という超高齢社会になります。

一方、少子化も進行しています。少子化の主な要因は、未婚率の上昇といわれています。国立社会保障・人口問題研究所の人口推計では、二〇〇七年から人口が減少していくと見込まれています。このような急速な高齢化と少子化は、社会保障に直接的に大きな影響を及ぼします。年金財政を支える生産年齢人口が減少する一方、年金受給者は急増します。

高齢者は、若い人の約五倍の医療費がかかります。介護など福祉の需要も高まります。
また、わが国は昭和三十年代から四十年代前半の経済の高度成長期を通じて、大規模な

図 7-1　高齢化の推移と将来推計（1950 ～ 2050 年）

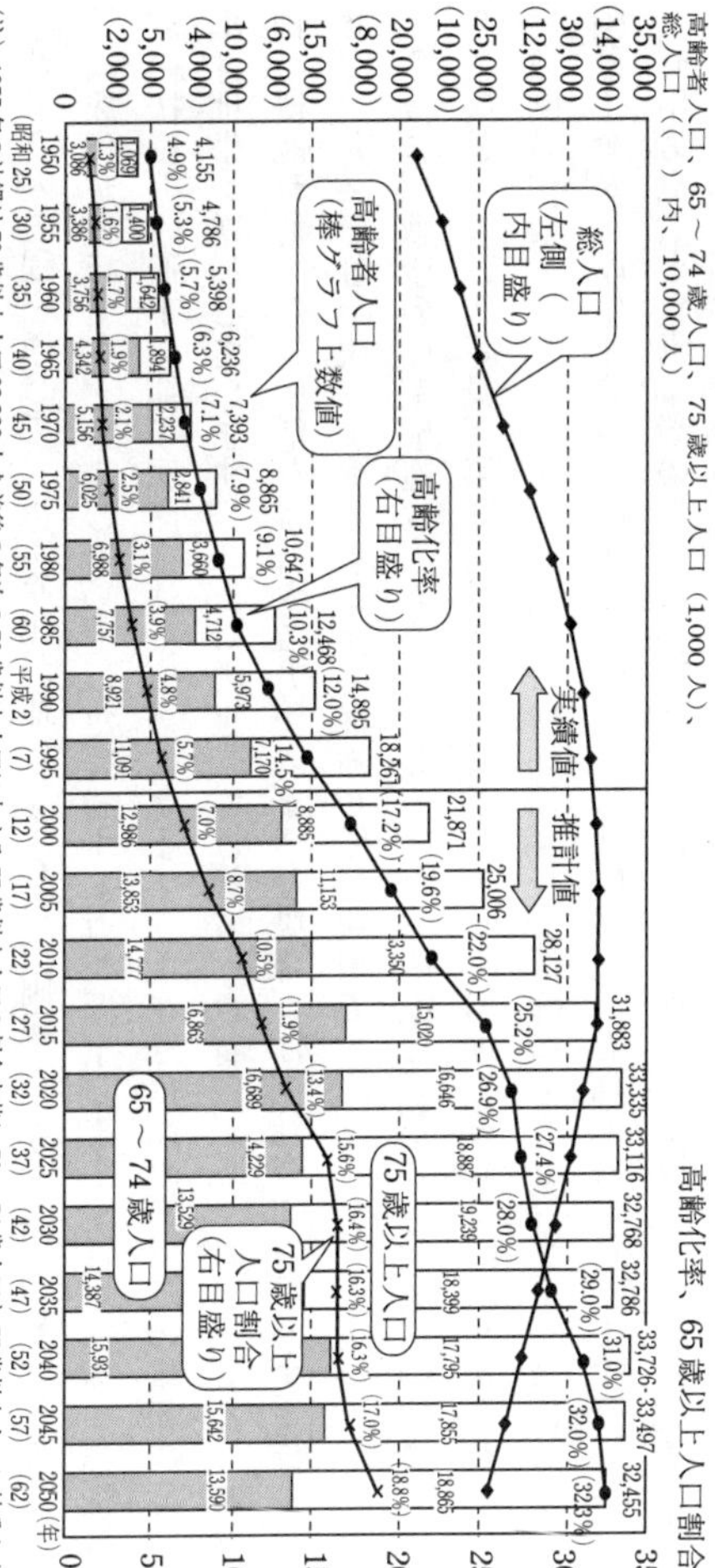

（注）1955 年の沖縄は 70 歳以上人口 23,328 人を前後の年次の 70 歳以上人口に占める 75 歳以上人口の割合を基に 70 ～ 74 歳人口と 75 歳以上人口に按分した。

都市化が進行しました。この期間を通じて約一千五百万人もの人が三大都市圏に流入しました。この過程を通じて、核家族化が進行しました。両親と子どものみからなる世帯です。核家族化が進行すると家族の持っていた扶養する力が低下します。社会保障や福祉は、家族の扶養力の低下を補う側面を強く持っています。現在では高齢者のみの世帯や高齢者の単身世帯が増加しています。これらの世帯では頼るべき身内が近くにいません。身体や精神の機能が低下し、生活を維持する力が弱まった場合には、社会的に援助するほかありません。介護を社会化しようとする介護保険がその典型です。

さらに、戦後の産業構造は大きく変化しました。農業など第一次産業が劇的に減少、製造業などの第二次産業、第三次産業の就業者が著しく増加しました。自営業者が減少し雇用労働者が増えました。雇用労働者の増加は、社会保障にも大きな影響を及ぼしました。国民年金から厚生年金へ、国民健康保険から健康保険へと加入者も移ります。

雇用労働者と自営業者の大きな相違は、老後の生活保障の手段です。自営業者は定年もなく、年をとっても働くことが可能です。一方、雇用労働者は雇われて働く以外、生活する手段がありません。老後の生活保障の一手段としての年金も、従前生活の維持を求めるものとなります。

社会保障に対する需要の変化

このような社会状況の変化を受けて、社会保障への国民のニーズも変化してきました。誰もが福祉サービスを必要とする時代になってきたのです。一部の貧困層のニーズだけで

図7-2 居住する世帯の種類別高齢人口の構成比（1975～2010年）

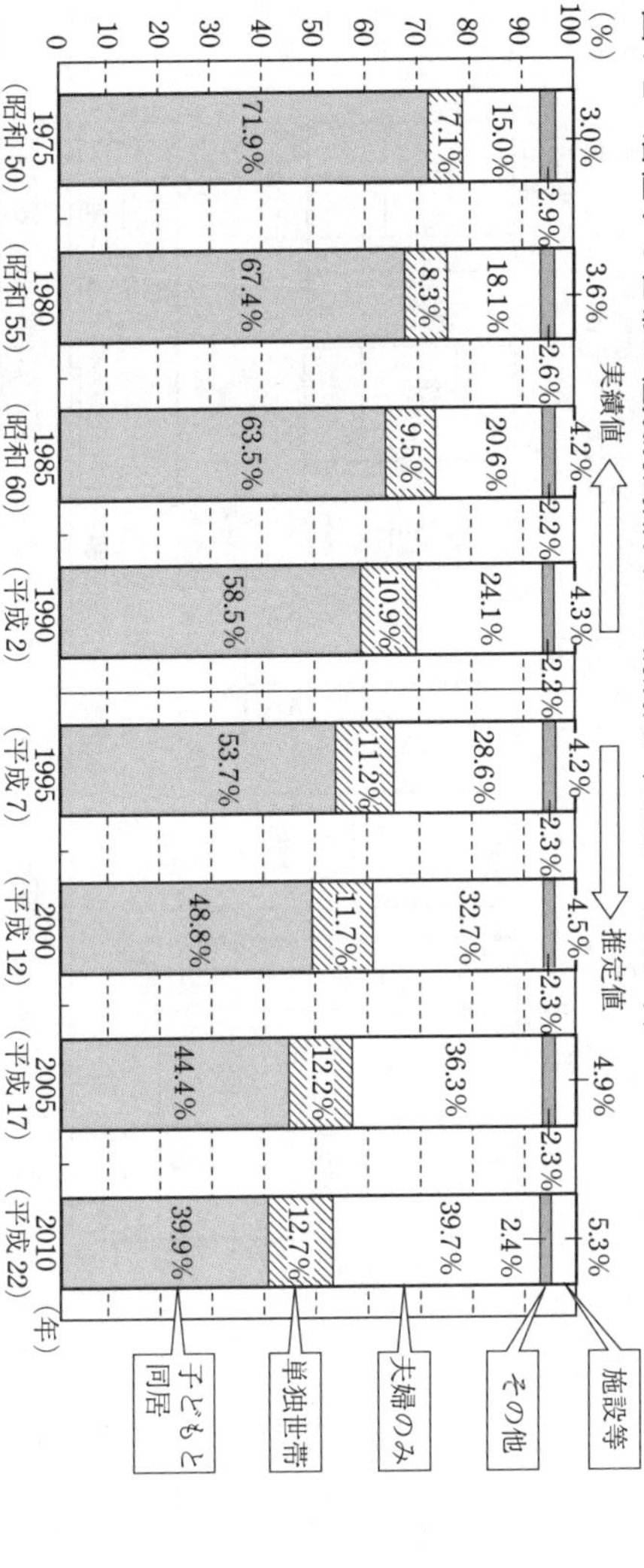

（注）実績値は総務庁統計局「国勢調査」に基づく。

図7-3　国民負担率の国際比較

［国民負担率＝租税負担率＋社会保障負担率］［潜在的な国民負担率＝国民負担率＋財政赤字対国民所得比］

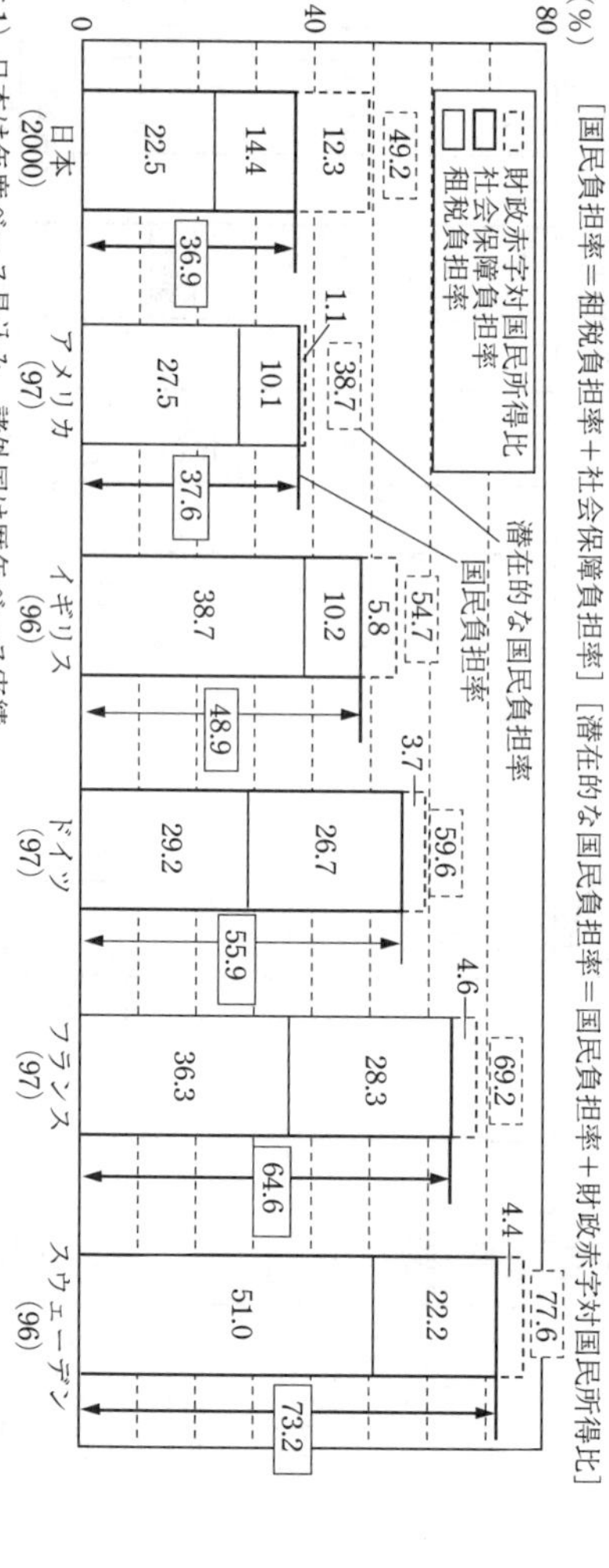

（注1）日本は年度ベース見込み。諸外国は暦年ベース実績。
（注2）財政赤字の対国民所得比は、日本、アメリカ及びスウェーデンについては一般政府から社会保障基金を除いたベース、その他の国は一般政府ベースである。

なく、階層に関係なく、ニーズが生ずるようになっています。高齢化による身体機能の低下は誰にでも訪れます。女性の就労率が高まると、保育への多様なニーズが増加してきます。身体や精神機能、家族の扶養能力の減退を補い、自立を援助することが医療や福祉の役割です。年金はそれらのサービスを受けるための所得を保障します。

需要側の変化は、サービスの供給体制にも影響を与えます。対象者を選別してサービスを提供することから、サービスを必要とする人誰もに提供する方向へです。とくに福祉分野では、利用者の申請に基づき、行政側がサービスの利用や施設への入所が適切かどうか、判断していました。これでは利用者の選択の自由が保障されず、行政の認定過程に不透明さがつきまとっていました。現在進められている「社会福祉基礎構造改革」と呼ばれる改革の基本は、「行政処分による措置」から「利用者とサービス提供事業者との契約」への転換です。行政の役割は変化します。サービスの提供者から、サービス内容や水準の監視、サービス利用者からの苦情処理などに役割が変化していきます。

経済の低成長化と財政赤字による制約

社会保障は経済の在り方、成長の度合いに強く影響を受けます。社会保障を支える財源は、税や保険料というかたちで経済の付加価値の一部を振り向けているからです。経済の低成長と財政赤字の拡大は、社会保障についても聖域とせず、スリム化と効率化を求めています。高度成長時代に少々大盤振る舞いした側面があります。それらを着実に見直し、必要なところには必要な給付とサービスを提供し続けていくことが重要です。そのためにスリム化、効率化が求められているのです。何もかも現状を墨守するだけでは、社会保障の体系そのものが崩壊する可能性があります。

社会保障制度は、国民に安心を与えるものです。国民の制度への信頼感が安心を与えることにつながります。制度の持続可能性こそ、もっとも重要なのです。税金の社会保障制度への際限ない投入が可能ならともかく、そうでない以上、制度自体の効率化を進め、国民の信頼感を高める知恵こそが、いま求められているといえましょう。

2――社会保障の財源をどうするか

給付と負担の関係

誰もが健康で安心できる暮らしをしたいと願っています。健康、住宅、十分な収入と時間。豊かでゆとりある生活を送りたいと願っています。社会保障は生活に安心感をもたらすものです。いざという時や老後の不安にふだんから備えておき、必要な場合に、現金やサービスが給付されます。

それでは社会保障の給付は高ければ高いほど、サービスは厚ければ厚いほど望ましいのでしょうか。そうとばかりはいえません。高い給付やサービスを行うには、高い負担が必要だからです。とくに、わが国のように急速な高齢化が進行している時には、世代間で負担をめぐって争いが起こる可能性もあります。現在の高齢者は自分たちが若いときは、まだそれほど社会全体は高齢化していませんでした。年金や医療の負担も小さいもので済みました。

ところが、現在の若い世代は、老人医療や年金の負担であえいでいます。税、社会保険料の負担は徐々に増大しています。低成長が続くことが予想されています。賃金もそれほど伸びません。税、社会保険料が増えれば増えるほど、自由に使える可処分所得は低下します。

打ち出の小槌のように、給付は天から降ってくるものではありません。経済活動から生みだされた付加価値を分配しているにすぎないのです。負担は生産活動を担っている世代に重くのしかかってきます。わが国の社会保障は、「負担の限界」に近づいています。社会保障の将来ビジョンも負担の在り方を考えることなく描くことはできません。

社会保障の財源構成

社会保障の財源は、社会保険料、税(国庫負担)、自己負担(利用料)の三つです。この三つ以外にありません。社会保険料は健康保険などの被用者保険では、事業主と労働者が折半

表7-1　項目別社会保障財源

	平成9年度	平成10年度	対前年度比	
			増加額	伸び率
計	億円 900,677 (100.0)	億円 892,188 (100.0)	億円 △8,489	% △0.94
I 社会保険料	548,151 (60.9)	549,737 (61.6)	1,586	0.29
事業主拠出	285,834 (31.7)	286,449 (32.1)	615	0.22
被保険者拠出	262,317 (29.1)	263,288 (29.5)	971	0.37
II 税	217,533 (24.2)	219,882 (24.6)	2,349	1.08
国	171,109 (19.0)	171,681 (19.2)	573	0.33
地方	46,425 (5.2)	48,201 (5.4)	1,776	3.83
III 他の収入	134,993 (15.0)	122,569 (13.7)	△12,424	△9.20
資産収入	103,825 (11.5)	89,653 (10.0)	△14,171	△13.65
その他	31,168 (3.5)	32,915 (3.7)	1,747	5.61

（注）（　）内は構成割合である。
資料：「平成10年度社会保障給付費」（国立社会保障・人口問題研究所）

で支払っています。税は国や地方公共団体の一般会計や特別会計から支払われます。自己負担は、医療機関などの窓口で利用者が支払う負担です。さて、これらの財源の構成はどうなっているのでしょうか。表7−1が、現在のわが国の社会保障の財源構成です。社会保険料の比率が高いことが、わが国の特徴です。税と社会保険料が各制度内に混在していることも特徴です。

税と社会保険料が社会保障を維持する最大の財源です。どちらも国民から強制的に徴収されます。社会保険料は、高齢化に伴い、徐々に増加しています。税負担が同じとしても、将来的には国民の負担率は増大していきます。ただし、税にしても社会保険料にしても、単に負担しているだけではありません。国や地方公共団体の公共サービス(典型的には学校教育や道路、上下水道など)を受けています。社会保険料も医療や福祉サービス、年金の給付として戻ってきています。

税の特色

社会保障の財源は、税と社会保険料でした。税と社会保険料は、どちらも強制力を持って国が徴収する点で共通しています。払うべき人が払わなければ罰則があります。社会保険ではめったにありませんが、税金では差し押さえも行われることがあります。税の特色は何なのでしょうか。税と社会保険料は、どう異なるのでしょうか。税には税の論理が、社会保険料には社会保険料の論理があります。

税の特色として、①強制性、②無償性があげられます。無償性とは、税をおさめたからといって、公共サービスの請求権はないことをいいます。課税の三原則は「公平・中立・簡素」といわれます。公平には二つの基準があります。一つは、垂直的公平です。能力に応じた負担ということで、高い能力を持つ人は高い負担を、低い負担能力の人は低い負担をする、ことが公平だという考え方です。

もう一つは、水平的公平です。同じ負担能力の人は、同じ負担をするということです。負担能力を調整するために、さまざまな控除が設けられています。サラリーマンであれば給与所得控除があります。収入を得るための必要経費とみなされるものです。さらに配偶者控除、扶養控除などいくつもの人的控除があります。

これらの控除は、政策減税ともいうべきもので、ある特定の政策目的を税制上の控除をつくることで達成しようとするものです。控除が増えれば、その分課税ベースが狭まります。国民からみれば減税です。わが国の現在の所得税制は、控除が多すぎ、その整理や統合が政策課題になっています。これは課税原則の「簡素」という要請にも基づくものです。簡素とは、税制はできる限り、国民にわかりやすいように、複雑にしないことです。

図7-4　国税の内訳（平成12年度予算額）

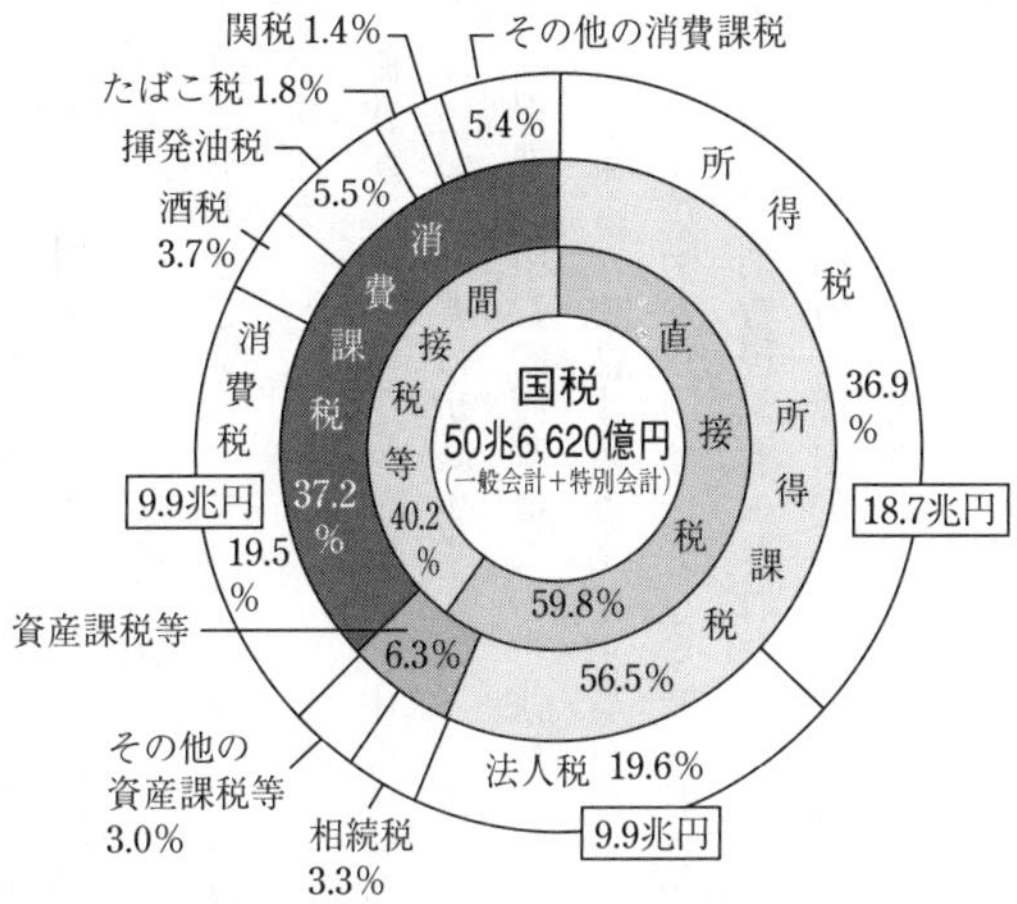

税の課税対象

税の課税対象は、所得・消費・資産の三つです。国民の経済活動の結果、生みだされた富は、一部は企業の設備投資や内部留保に回ります。一部は労働者への賃金として支払われます。企業の所得にかかる税が法人税で、個人の所得にかかる税が所得税です。

所得から貯蓄を除いた分が消費に回ります。個人消費はGDPの約六割を占めています。

貯蓄や投資に回ったおカネは、利子や配当、キャピタルゲイン（株の値上がりによる売却益）を生みだします。土地などの不動産に投資されたおカネは、地代収入や家賃収入などを生みだします。国や地方公共団体は所得、消費、資産のいずれかの段階で課税することによって税収を確保します。

ところで、わが国の税制の特徴は、税収割合が所得課税に偏りすぎていることだといわれています。図7-4が、それぞれの税目別の割合を示したものです。消費税が導入されて十年以上が経過し、主要な税目に成長してきました。が、まだまだ所得課税中心です。資産課税は不十分ですし、すべての収入を合算して課税額を計算する総合課税化も検討中の段階です。

高齢化が進展すると、所得課税中心の税制は、いろいろなひずみを生みだします。高齢化とは生産年齢人口が減少することです。所得を生みだすのは、生産に従事する世代であり、所得課税中心の税制はこの世代に過重な税負担を課すことになるのです。

一方、誰もが生活するうえで消費は行います。日々の飲食料品、衣料……。高齢化で医療や年金にかかる費用は否応なく増大します。そして、その費用の一部は税金でまかなわれています。消費税が導入された最大の理由が、高齢化に財政的に備える、ということであったのは、相当な理由があったといえるでしょう。誰もが納めざるをえない、消費課税からの税収を、高齢化に伴う負担を分かち合う財源とすることには十分な根拠があるでしょう。

所得の捕捉率

所得税の世界でもっとも顕著ですが、社会保険料でも所得の捕捉率の問題があります。サラリーマンは税金も社会保険料も源泉徴収です。自動的に給与から控除されてしまいます。所得の捕捉が問題になるのは、自営業の場合です。俗に、「クロヨン」とか「トーゴーサン」といわれます。サラリーマンがほぼ全額収入を把握されているのに対し、自営業者や農家は五割、三割しか把握されてないことを指しています。

これは、収入から控除できる必要経費の算出の仕方と家族給与の扱いに原因があります。私的な交際費などを必要経費に算入したり、働いてもいない家族へ給与を支払うことにしたりすることで、税額を安くすることができます。

これらのことは公平な課税という観点からも問題ですが、もう一つ重要な問題をはらんでいるのです。それは、所得によって、納める社会保険料やサービスを受けた場合の自己負担額が異なるという問題です。保育園や特別養護老人ホームの利用料もそうですし、高額療養費の上限も低所得者には低くなっています。

納税者番号制の導入は、所得の捕捉率の不公平をなくすうえで必要なことです。が、政治的な反対が強く、なかなか実現しません。もう一つ、この問題をクリアする方法が、所得課税の比率を低めて、消費課税の割合を高めるという方法です。消費は誰もが行い、必要経費など入り込む余地がないからです。

社会保険の特徴

保険とは、本来日常生活における災害や疾病など不測の危険に共通にさらされている者が一定の掛け金をかけ、資金を積み立て、たまたまその危険に遭遇した人に対して、その資金から一定額の保険金を支払う仕組みです。危険にたまたま遭遇しなかった人から、遭遇した人に対する資金やサービスという援助が行われます。相互扶助の精神を最もよく実現する方式といわれます。

社会保険は医療保険にしろ、年金にしろ、保険料をおさめたことの見返りとしてサービスや給付が受けられます。保険料をおさめなければ、ペナルティとしてサービスや給付が制限されます。税の無償性と異なり、負担と給付が明確に結びついているのです。ここが、税と社会保険の最大の違いといってよいでしょう。

給付は受給要件を満たした人の権利です。保険料納付は、いわば権利獲得の手段です。負担と給付が明確に結びついているので、社会保険料はただとられるものではなく、給付という見返りを実感を持って感じとることができます。誰もが高齢者になれば年金の給付を受けることを予測しています。健康保険料をおさめることで、医療を受けることができます。生涯に一度も病院のお世話にならないという人はいないでしょう。年金の給付を受けること、医療サービスを受けることで、保険のありがたみを実感できるのです。ここに社会保険料の納付意識の高さ、逆にいえばとりやすさの秘密があります。

一方、税には社会保険のような負担と給付の明確なむすびつきはありません。税は何に使われるかわからないからです。税金を上げることには、国民の強い反対の声があがります。社会保険料は、健康保険も年金も徐々に上がってきましたが、消費税反対運動のような広範な国民運動が展開されることはありませんでした。ただし、健康保険や年金の保険料、新設された介護保険料などを合算して、月収の約三割(労使折半)の負担は徐々に「負担の限界」に近づきつつあるといえるでしょう。

社会保険料の徴収対象

社会保険料は、賃金を数十ランクに区分した標準報酬に保険料率をかけて算出されます。社会保険料では、保険料率は一本です。厚生年金保険料率は一七・三五%(労使折半)、健康保険料率(政管健保)では、八・五%(労使折半)です。この保険料率が、標準報酬が高い人にも低い人にもかかります。社会保険料は、所得税に比べて、逆進的といえます。

社会保険料の中でも、きわめて逆進的なのは、国民年金の保険料です。高所得者も低所得者も定額です。月額、一万三千三百円（二〇〇一年九月現在）です。厚生年金の保険料は定率ですので、収入に占める保険料の割合は一定です。が、定額の保険料の場合は、収入に占める割合は低所得者ほど高くなります。

たとえば、国民年金の保険料が収入に占める割合は次のようになります。月収五十万円の人は、二・六％ですが、月収二十万円の人は六・五％です。保険料率になおすと低所得者ほど高くなってしまうのです。税制の累進税率とは逆になっているのです。

また、徴収対象は、年金は六十五歳までの働いて所得のある人に限られています。これは、年金が原則として六十五歳から支給対象となるからです。健康保険の場合、現役時代は政管健保や健保組合に入っている人も、退職後は国民健康保険に移ります。国民健康保険は所得に応じて保険料を支払います。が、年金受給者は公的年金控除などによって、保険料の算定基礎となる所得は低額になり、保険料負担も低額になっています。社会保険料でも、現役世代に過重な負担がかかっているといえましょう。

税か社会保険か

高齢化の負担はきわめて重いものがあります。年金や医療、介護などの福祉分野。高齢者が増えれば、費用も増加するのです（高齢化に伴う自然増）。この増え続ける費用を誰が負担するのか、どのような方法で負担するのか、国政の大きな論点となっています。

介護保険導入時も国会では、財源を税でまかなうのか、社会保険とするのかで鋭い対立がありました。新ゴールドプランなどで介護施設や在宅サービスの充実がはかられてきました。が、とても需要に供給がおいつかない状態でした。供給はすべて税で行われていたからです。事業主体が民間でも、公からの委託で公費から委託費が支払われていたのです。結局、保険方式を採用し、民間主体の介護サービス供給体制をつくることになりました。

年金改正にも議論が及び、基礎年金の税方式化を主張する声が大きくなりました。

が、税はどうしても制約を伴いがちです。税の使い道は、一部の目的税を除いて、限定されていません。どうしても政策間、施策間の競合が起こります。民主社会では、政治家も行政も声の大きい人や力の強い団体の意向に弱いものがあります。さらに、予算は前年度踏襲主義です。いくら必要性が高い事業やサービスであっても、前年比倍増の予算を獲得するのは容易ではありません。せいぜい数パーセントアップを長年続けていければいいほうでしょう。そこで、社会保障に使途を限定する目的税構想が有力な考え方として登場してきたのです。

社会保険料と目的税

使途が限定されているという点では、社会保険料と目的税は共通です。社会保険料は医療や年金だけに使われます。現行の目的税は、道路特定財源となっている揮発油税、自動車重量税、石油税などです。

目的税は、目的遂行に適切な税ですが、財政学の面からは、目的税は財政の硬直化を招く、と批判されています。たとえば、歳入がすべて目的税の収入で構成されている予算を考えるとわかりやすいでしょう。五つの目的税があるとすれば、収入のすべてが目的税ですから、歳出も五つの目的以外には使えません。これほど極端ではないにしろ、歳入に占める目的税の割合が高まれば高まるほど、財政の硬直化は進むのです。なにしろ他の目的には使えないのですから。社会のニーズは時代によって変化します。昔、必要とされたものが不必要になり、新たなニーズが登場します。変化に的確に対応するには、目的税はできるかぎり限定し、安易な導入は避けるべきでしょう。

社会保障、とくに年金や医療の財源として目的税をあてることはどう考えればよいのでしょうか。現在、提案されているのは、基礎年金や高齢者医療の財源として、消費税を目的税とする方法です。基本的な考えは、高齢化の負担を現役世代だけでなく、高齢者にも応分の負担をしてもらおう、というものです。主に勤労者世代が負担している所得税や社会保険料から、財源を消費税にシフトし、勤労者世代の負担を軽減しようとするねらいです。

社会保険と国庫負担

社会保障の財源として、全額を税でまかなうと、社会保険は社会保険ではなくなります。筆者は社会保険方式を維持しながら、財政的関与を増大させる方法がよいのではないかと考えています。保険方式を維持するならば、国庫負担の財源全体に占める割合は二分の一以下であることが適切でしょう。現在でも多くの国庫負担が社会保険に投入されています。たとえば、国民健康保険では給付費の原則二分の一が国庫負担です。年金では基礎年金の給付に要する費用の三分の一が国庫負担です。新設された介護保険でも国民健康保険と同様に、給付費の二分の一が国庫負担となりました。

このように、わが国の社会保険にはすでに多くの税金が投入されています。それも二分の一や三分の一という巨額です。リスク分散のための相互扶助という保険本来の趣旨からいうと、社会保険はその趣旨を大きくはずれているといえましょう。それには相当の理由があるのです。

社会保険には、経済的目的だけでなく、社会の安定や連帯を保つ、という政治的目的もあるのです。保険として数理的に成立しえない保険を、税を投入することで、社会保険として成り立たせているのです。それが可能なのは、種々の社会保険が法律で規定されているからです。法律は、国民を代表する国会で民主的に決定されており、法律の裏付けには国民の選択があるのです。社会保険に多額の税が投入されている裏には、生活や社会の安定を願う、国民の要望と選択があるからといえるでしょう。

保険方式を税の投入で補完

このように、社会保険にはすでに多くの税が投入されています。そして、社会保険には「負担と給付の明確性」があり、「社会連帯・相互扶助」という理念があります。たとえ、それが擬制(フィクション)の上に成り立っていたとしても。全額税方式で行う場合、社会保険の特性がすべてなくなってしまいます。さらに、長年、保険方式で実施され、一定年数の保険料納付を給付の条件としています。この制度の継続性、国民の期待感、国民と政府の信頼感を軽視することはできません。

もう少し、税の投入を多くすれば、制度の安定を保ち、国民の信頼をつなぎとめることが可能なのではないでしょうか。とくに、税の投入が必要なのは、基礎年金と高齢者医療(老人保健制度)の分野です。基礎年金の国庫負担率を三分の一から二分の一に引き上げることで、保険料引き上げを抑制することができ、約束した給付を実施することが可能です(保険料の段階的引き上げは必要ですし、少子・高齢化の進展具合で給付の若干の引き下げも必要となるかもしれません。が、その引き下げ額は若干で済むはずです）。懸念されている国民年金の空洞化（未加入者の増加）の防止にもつながります。

医療とくに高齢者医療の効率化とともに、高齢者医療への税の投入額を増やせば、老人保健拠出金を減額することが可能です。老人保健拠出金は健保組合、政管健保、国民健康保険の赤字の最大要因です。現在、高齢者医療制度の在り方が議論されています。収入が少なく、病気にかかりがちな高齢者に対しては、若年世代からの支援か税金からの支援かいずれかが必要です。健保組合等からの拠出が限界に達しつつある以上、どのような制度改革を行おうとも税金からの投入割合を増やさざるをえないのです。

現実的なのは、消費税の全額ではなく、その一部を福祉目的税として、基礎年金や高齢者医療費に投入すべき税の増加分に回すことのように思われます。税の割合が二分の一以下であれば、保険方式のメリットも活かされるでしょう。国民全体で高齢化の負担を分かち合うことにもつながります。

利用料と自己負担

財源論を終わるうえで、最後にふれておかなくてはならないのは、自己負担と利用料です。福祉サービスは無料がベストと思われていた時代が長く続きました。高齢者医療も昭和四十年代の後半に、無料化されました。すぐ医療費の高騰を招き、定額の自己負担制(老人保健制度)の導入となりました。何でも無料がよいわけではありません。無料にすることで医療費全体が高騰しますが、それを財政的に支えるのは保険料と税金です。結局、保険料や税の負担増というかたちで国民全体にかかってくるのです。

医療も福祉も効率化が求められています。それは必要なサービスを必要な人に効率よく提供することです。必要でない人に不効率なサービスを提供することが最悪です。受益者負担としての利用料や自己負担は、必要な人に必要なサービスを提供するために、サービスを本来必要としない人の利用をできるだけ抑制しようとするものです。また、サービスを利用しない人との公平をはかる観点もあります。

介護保険では自己負担は一割負担です。老人保健制度の改正で、高齢者医療も定率制と従来の定額制との選択制となりました。定率制も上限付きで不十分なものです。介護保険と同様に、原則一割負担とすべきでしょう。高額療養費制度という優れた制度が用意されています(低所得者には低い上限)。本人負担には上限があり、どんな高額な医療を受けようとも生活を破壊されるような自己負担にはならないのです。適切な利用料や自己負担は、適切なサービスの提供とサービス提供体制の効率化に資するところが大きいことを理解しな

図7-5　政府に対する要望（上位10回答）

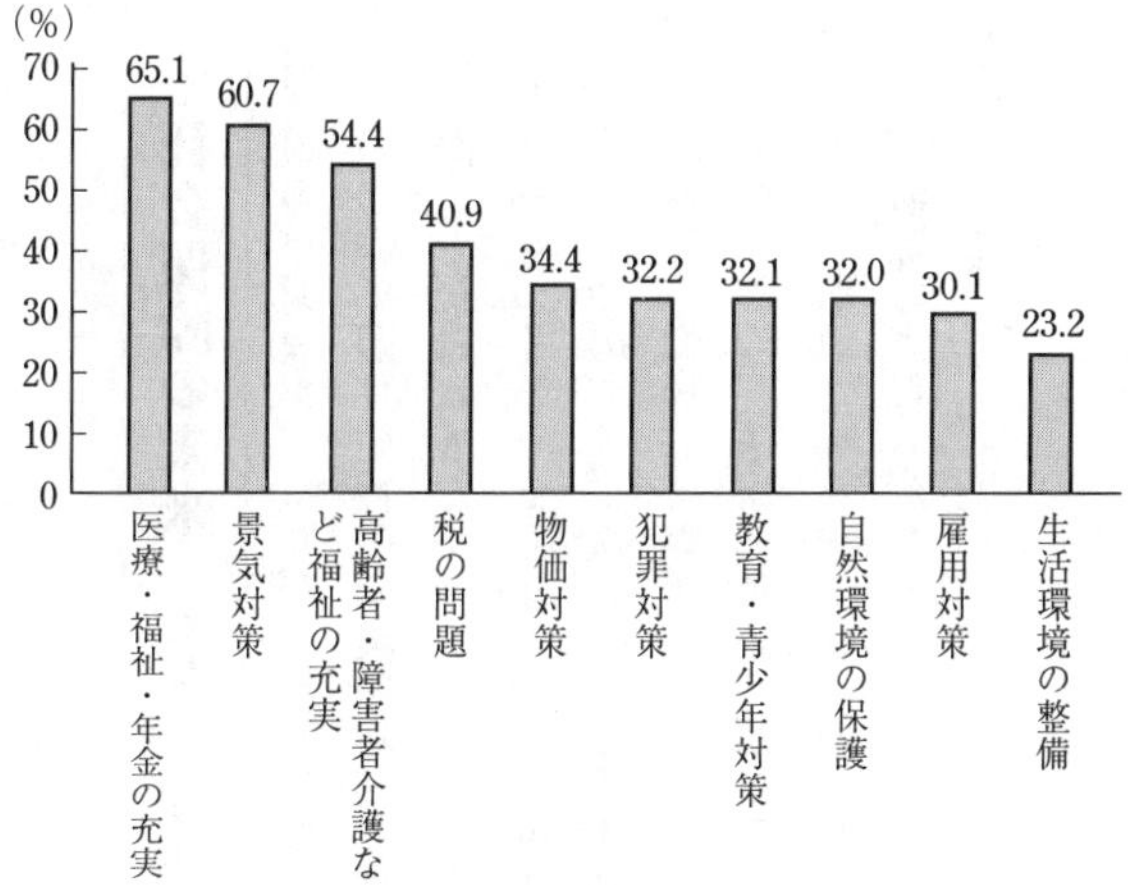

資料：総理府「国民生活に関する世論調査」(2000年)

図7-6　悩みや不安の内容（「悩みや不安を感じている」と答えた者に、複数回答）

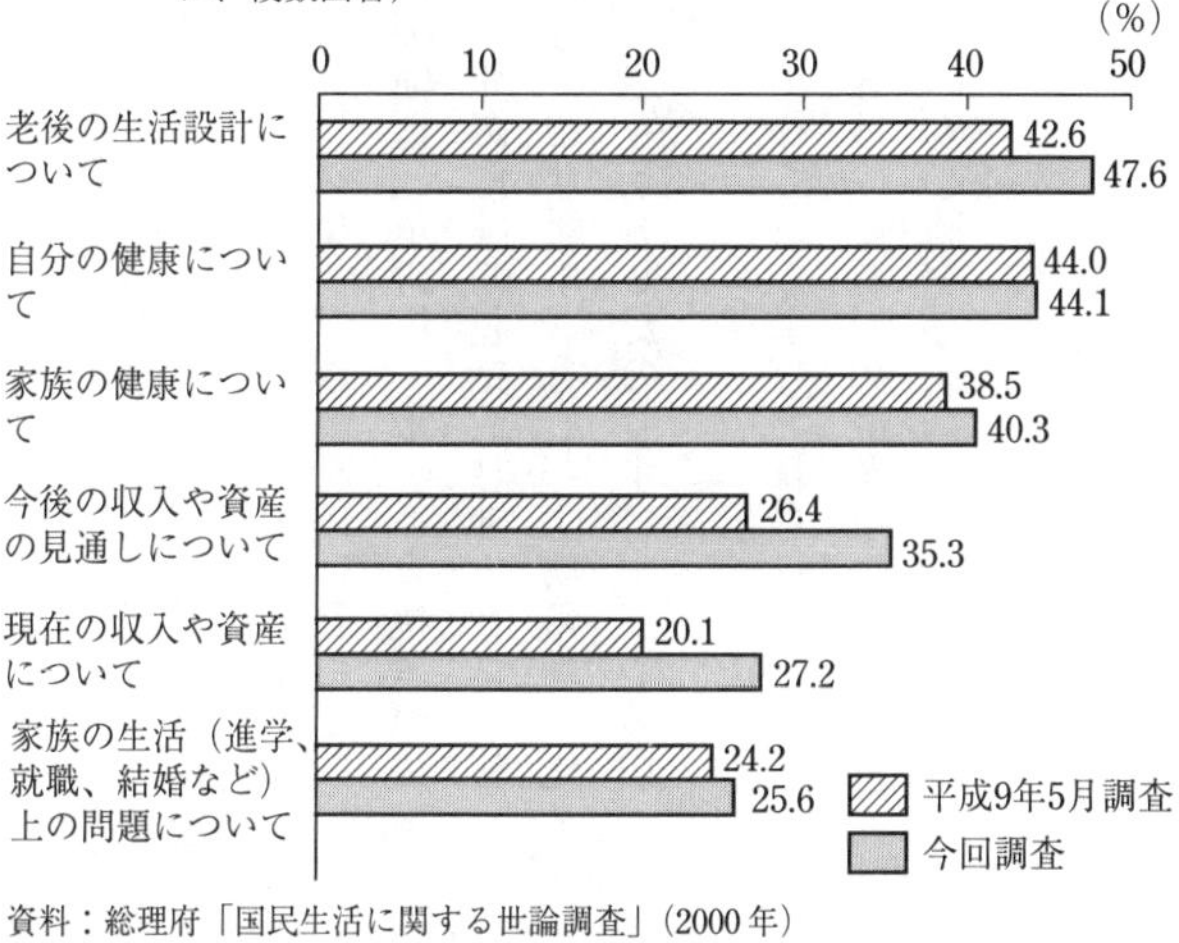

資料：総理府「国民生活に関する世論調査」(2000年)

ければなりません。

3――社会保障の未来　安心できる社会へ

社会保障のビジョンづくりが、政府はもとよりシンクタンクなどでさかんに行われています。二〇〇〇年四月施行の介護保険制度は、社会保障構造改革の第一歩という位置づけでした。医療と福祉にまたがっていた高齢者の介護を、介護保険で包括的にサービスを提供できる体制をつくろうとしました。医療から介護部分を切り離すことで、医療の効率化をはかろうとしたのです。次に、医療の本体部分に切り込もうとしたのです。が、この切り込みの試みは一頓挫しています。

社会保障は大きく、医療、年金、福祉(介護を含む)に分かれています。それぞれの分野で改革が徐々に行われています。が、社会保障のビジョンとは、これらの改革を一つの方向にまとめ、財源の裏打ちがしっかりとあり、国民に将来の安心感を与えるものでなければならないでしょう。

公と民の役割分担が焦点

社会保障のビジョンを考えるうえで焦点になるのは、公と民の役割の分担です。国の財源が豊富にあり、何でも国が行える時代はそれでよかったのかもしれません。ところが、低成長に伴う税収の減少、急激な少子・高齢化。とても必要な福祉ニーズすべてに公的には応えられない時代となりました。

そこで、いかに民間の力を活用していくのか、公的な制度やサービスと民間のサービスをいかに最適に組み合わせていくのか、そのための制度や財源の仕組みはどうあればよいのか、このような公民の役割分担論が改革の焦点となってきました。それは医療、福祉、年金すべての分野においてです。

介護保険は福祉の中心課題であった高齢者福祉の大部分を、社会保険の手法で行うことにしたものです。その狙いは安定した財源を確保して、民間の活力をこの分野に呼び込むことでした。税だけで行っていれば、とうてい、民間の進出はいまほどありません。

このように社会保険の方法は、公と民の役割をうまく組み合わせることができる方法です。公的には、保険料を徴収するなど保険を運営し、給付費の一部を財政的にバックアップします。実際のサービスの提供は民間に任せます。民間事業者には、診療報酬や介護報酬が支払われます。ただし、保険の対象となる範囲をどう設定するのか、報酬の水準をどう設定するのか、これらの問題が公の役割をどこまで果たすべきなのか、という議論として残ります。年金では給付水準がいつも問題になります。これも公的にどこまで老後の所得保障に関与すべきなのか、という問題です。

いずれも明確に結論の出る問題ではありません。社会経済情勢、財政事情、国民の意識などが複雑にからみあっています。民主政治のもとでは、国民の選択によるものといえるかもしれません。が、今後の流れとしては、民間の役割を重視し、その活力を最大限活かす方向に向かうでしょう。公的には、施設の基準やサービスの水準を設定し、事業者の監視、利用者の人権擁護、不服申し立てへの対処、情報開示・提供などに役割が限定されていくことになるでしょう。

年金スリム化論の是非

前回二〇〇〇年の年金改正では、年金スリム化の抜本的方法として、報酬比例部分の廃止(あるいは民営化)が一部の経済学者から提唱され、多くの論議が行われました。

厚生年金などの被用者年金の報酬比例部分(二階部分)には、いっさい、公費は入っていません。本人の積立部分(受け取る年金総額の約二割程度)以外は、純粋に、現役世代の保険料だけでまかなっています。年金のスリム化論は、二階部分を廃止または縮小していくという議論です。廃止することによる負担減は、二階部分の保険料負担減となり、事業主の負担と労働者個人の負担がなくなります。

一方、年金のスリム化を提唱する人でも、基礎年金部分はもう少し拡充すべきという人が多いようです。現在、満額(月額)で約六万七千円ですが、これを八万、九万程度に引き上げることを想定しています。基礎年金には、二階部分と異なり、現在でも給付費の三分の一の国庫負担が導入されています。三分の一のままでも、年金額を引き上げると国庫負担は増大します。国庫負担率を二分の一に引き上げるとさらに増大します。全額税方式で行うとさらに増大します。

基礎年金は国が関与する度合いが高ければ高いほど、膨大な税を投入しなければなりません。このように、二階部分をスリム化(廃止あるいは縮小)して負担減となるのは、厚生年金など被用者年金に加入する事業主と労働者個人だけです。一方、基礎年金を若干拡充することで、国庫負担は増大するのです。国庫負担だけを考えた場合、この方向はスリム化につながらないのです。

実際、多くの勤労者は報酬比例部分の存続を望んでいます。暗黙のうちに、長期の生活設計の中にすでに年金からの給付を組み込んでいます。そうであるならば、報酬比例部分の存続は勤労者の選択になるわけです。年金がなければ、自分の力で貯蓄や投資で老後資金を蓄えるか、蓄えができない場合、子どもからの仕送りに頼ることになります。ただし、若い人の負担が過大になることは避けなければなりません。二階部分の廃止や縮小という方法ではなく、持続可能な制度設計はほかにないのでしょうか。

年金給付のスリム化

基礎年金の国庫負担率の引き上げと段階的な給付の見直しをすることで、現役世代の負担は現在よりそれほど重いものにはなりません。現在の制度設計では、厚生年金の給付水準は現役世代の平均年収の約五五％に設計されています(配偶者の基礎年金分含む)。賃金スライドの停止で長期的には四八％まで低下することが予測されています。まず、平均年収の五割程度を保障することを長期的に守る必要があります。このことを前提にして勤労者は、長期の生活設計をたてることができるのです。

一方、標準世帯で夫と妻の両方を合わせた勤続年数は増加します。現在のモデル年金の設計は、一方の配偶者が勤続年数ゼロ、つまり基礎年金だけを想定しています。このモデル設計を使うと両者合わせた勤続年数が伸びれば伸びるほど、世帯単位の年金額は増大します。二階部分の年金額は、勤続年数(正確には被保険者期間)に比例するからです。モデル年金の設計思想自体考え直す必要があるかもしれません。

公的年金には手厚い税制上の控除があります。これらの控除を縮小・廃止することで得られる財源を年金財源に組み込むことなども考えられます。さらに給付のスリム化には、他にもいくつも案があります。これらを少しずつ組み合わせることで、特定の人が大きな給付減となることなく、全体的に効率化をはかることができるように思います。

医療のスリム化——高齢者の医療費の削減——

わが国の社会保障、とくに医療にとって高齢者医療費の削減が効率化の焦点です。高齢者には、それ以外の人に比べて約五倍の医療費がかかっています。うち入院だけをとると高齢者は若年者の七・三倍、受診率は六・二倍に達しています。入院期間も諸外国に比べて長くなっています。高齢者医療費の効率化の鍵は、重複受診など受診率の問題、長い入院期間の削減、高い薬剤費比率などにあるといえるでしょう。

必要な受診や入院はしなければなりません。が、病状が安定し、通院やリハビリで対処可能な場合でもそのまま居続けることがあります。介護保険は、このような、いわゆる社会的入院を減少させることも一つの目標でした。在宅で介護や看護を行い、必要があれば医者の訪問治療も行います。

高齢者の医療費を削減していくには、即効薬はなく、長期的な視点で取り組まなければならないと思います。なによりも、中高年層からの健康づくりが重要で、病気にならず、介護も必要としない人生こそ、幸せな人生といわなければなりません。そのための自己努力、行政の啓発活動、健康診査活動の拡充などを行い、予防と保健に努めることが前提です。在宅の宅すなわち住宅の充実、デイサービスやショートステイなどの中間施設(在宅と施設の中間)の増設、リハビリの拡充などを進めていくことが重要です。

健保組合などの保険者機能を高めていくことも、医療費効率化に資する途です。契約医療機関の医療内容をチェックする機能を持つことで、医療の質を高めムダをなくしていくことにつながります。

福祉の拡充

一九九四年に厚生省の懇談会で策定された「二十一世紀福祉ビジョン」は、医療と年金の効率化、福祉の拡充という方向性を打ち出しました。もっとも年金はいくら制度の効率化をはかろうとも受給者増で年金総額を減らすことはできません。医療は高齢者医療の効率化、医療機関の体系化、健康診断や予防活動の強化などにより、効率化する余地があるように思います。

医療、年金を効率化した余力を、高齢者や障害者、児童の福祉の拡充に振り向けることが重要です。介護保険の創設など高齢者の福祉に関しては、近年注目もされ拡充の方向になっています。障害者や児童に関しても、それぞれプランができあがっていますが、その予算も含めた実行は不確かです。

とくに障害者の子どもを持つ家庭の苦労は大きいものがあります。小さいときから介護や施設への送り迎えに追われ、気の休まる暇がありません。高齢者の介護の場合は、長くても十年程度で終わることが予測されます（死亡によって）。障害児の場合は、二十年、三十年、四十年と世話が続きます。家族の負担を軽減するデイサービスやショートステイ、入所施設の充実、専門教育の充実、雇用の確保、授産施設や作業所の充実など、まだまだ拡充すべき課題が山積《さんせき》しています。

児童の福祉も、女性の就労率の向上と核家族化の進展で、多様な保育ニーズが高まっています。働く女性だけでなく、専業で子どもを育てている主婦のストレスもたまっており、児童虐待などの事件も増えています。なんらかの援助が必要とされています。地域子育て支援センターなどの取り組みも始まっています。延長保育、一時保育、病児のための保育など多様な保育ニーズに応えていく必要があります。

地域で福祉を拡充していくうえで、ＮＰＯ（民間非営利組織）やボランティアの果たす役割も重要になります。公的なサービスや民間のサービスだけでなく、地域住民の相互の助け合い（共助）を組織化していくために、ＮＰＯは最良の方法といえるでしょう。営利を目的としないために、事業の継続性、安定性に懸念が残ります。ＮＰＯへの寄付金の優遇措置を導入することで、財政基盤をしっかりさせることが望まれます。

制度間の重複の排除

　社会保障の効率化をはかるうえで考慮しなければならないことは、それぞれの制度内の効率化をはかるだけでなく、制度間の重複を排除して、効率化をはかることです。たとえば、よく問題として指摘されるのが、医療施設や福祉施設に入った場合の生活費相当分です。とくに年金受給者の場合、生活費の一部として年金が支給されています。施設などに入った場合、食費負担と受けたサービスの一割が自己負担としてかかります。が、いわゆる住居費相当分などはかかりません。ある程度の額の年金を受けている場合、施設外での使い途もあまりなく、年金が余ることもあるようです。それは遺産として、遺族に相続されます。生活費としての年金と施設からのサービスが重複しているケースといえるでしょう。在宅の場合は、介護サービスの自己負担とは別個に、生活を維持していく費用が当然必要となります。両者の公平性の問題もあります。

　もう一つの制度間の重複は、社会保障内ではなく、社会保障と税制で起きています。社会保障の給付と所得税制上の控除との重複です。扶養控除と児童手当は政策目的がダブっています。筆者の意見は、税制上の人的諸控除を整理・統合・縮小し、それで浮いた財源を社会保障の給付に振り向けるべきだというものです。

高齢者の負担と資産の活用

若いときに同じような所得や資産からスタートしても、能力、運・不運、収入の格差、子どもの有無(教育費負担)、あるいは住宅の状況などで、退職前後には若いときよりも資産状況に大きく格差がついてしまうのは当然です。

しかし、高度成長を経て、豊かな高齢者も増えているのは統計上からも明らかです。一律に高齢者を弱者と位置づけるのは明らかに間違いです。負担能力のある高齢者には、若い人と同様に負担してもらい、低所得者には別個の対策をうっていくことが求められています。たとえば、七十歳以上の人に一律にバスの無料パスを渡すような制度は、時代に適合しなくなりつつあるといっていいでしょう。介護保険で一割の自己負担となったように、医療費でも一割負担を徹底すべきでしょう。

高額療養費制度で自己負担の上限は決まっており、低所得者にはさらに低い上限額が決まっています。低所得者対策はすでに行われているのです。高齢者だけとりあげて特別の対策をうつ時代は過ぎ去ったのではないでしょうか。

また、土地や住宅などの資産はあるが、フローとしての所得が少ない高齢者もいます。リバース・モーゲージという制度はアメリカで普及したものですが、土地・住宅などの本人の資産を担保にして、生前の福祉の給付にそれらの資産を活用しようとするものです。東京の武蔵野市などで先駆的な取り組みが行われています。このような制度を組み込んだ社会保障をつくりあげることを検討すべき時代がきています。

社会保障と構造改革

二〇〇〇年から二〇〇一年にかけて、社会保障をめぐる動きも慌ただしさを増してきました。経済・財政の構造改革が国政の焦点となり、社会保障問題もその大きな課題となっています。

社会保障に関する構造改革には、二つの大きな流れがあります。一つは、「小さな政府」をめざして公的関与を最小限にする方向です。総理大臣の私的諮問機関であった経済戦略会議が出した「日本経済再生への戦略」(一九九九年二月)という答申がその先駆けとなりました。ここでは、公的年金を基礎年金だけに限定することを提唱しました。同じ流れの中にあるものが、経済財政諮問会議の「今後の経済財政運営及び経済社会の構造改革に関する基本方針」(いわゆる「骨太の方針」、二〇〇一年六月)です。今後の経済財政運営の基本方針となるべきものと言われています。「自助と自律」の精神を基本として、民間部門で実現可能な機能はそこに委ね、公的制度と補完性、競合性を合わせもった総合的な保障システムによって国民生活の安定を実現していくことを提唱しています。そして個人レベルで社会保障の給付と負担が分かるように情報提供を行う仕組みとしての「社会保障個人勘定(仮称)」システムの構築や「医療サービス効率化プログラム(仮称)」の策定を打ち出しています。

この二つの提言・方針は、市場原理を重視し、公的関与を減らして小さな政府をめざすという方向で同一の流れの中にあります。

もう一つの流れは、社会の安定と安心を確保する社会保障の役割を重視し、現行の社会保険方式を中心にした制度を維持しつつ、制度内の効率性を高めていく方向です。

その一つは総理府社会保障制度審議会の「社会保障体制の再構築に関する勧告—安心して暮らせる二十一世紀の社会保障を目指して—」(一九九五年七月)です。四年ほどかけて専門家が議論し、広く国民の意見を聞いたうえで作成し総理大臣に勧告したものです。総合的・体系的に社会保障全体を俯瞰して、新しい社会保障の理念、基本的な改革の方向を打ち出しています。公的介護保険や措置制度の改革などすでに実行に移されているものもあります。

「社会保障制度の新しい理念とは、広く国民に健やかで安心できる生活を保障することである」として普遍的な社会保障の新たな在り方を追求すべきことを説き、社会保険が今後ともわが国社会保障制度の中核としての位置を占めていかなければならない、としています。

また、「若い世代は、高齢者の増加による負担の増大について心配している。したがって、社会保障制度が何についてどこまで保障するかを明確にし、それについて国民が十分理解することは極めて重要である」と述べ、若い世代の不安解消のため、社会保障の役割を明確化することの重要性を指摘しています。

同じ方向性の中にあるのが、「社会保障構造の在り方について考える有識者会議」(総理大臣の私的諮問機関)が出した「二十一世紀に向けての社会保障」(二〇〇〇年十月)です。

「将来に向けてある程度負担の増加は避けられないものの、できる限り負担増、特に、現役の負担の上昇を抑えるべく、『支え手を増やす』、『高齢者も能力に応じ負担を分かち合う』、『給付の見直しと効率化』という方策を実施していくべきと考える」として、やはり社会保険を重視すべきだとしています。また、社会保障の政策決定プロセスに関しても次のような注文を出しています。

「また、社会保障に関する意思決定に際して、将来の社会保障を支えることとなる若い世代の意見が積極的に反映されるような工夫が必要である」

「国民の選択は、民主主義国家においては、政治システムを通じて行われることとなるが、社会保障は長期的な視点で検討される必要があり、党派を超えた国民的合意が必要な問題である。なぜならば、国民の生活設計は、長期的な視点で約束されなければならないからである」

たいへん重要な指摘といえましょう。

筆者は、今後の社会保障のビジョンを考えるとき、前二者ではなく、後者の二つの勧告と提言を出発点にすべきだと考えています。社会保障制度自体が市場原理の修正というかたちで形成されてきたものであり、貧富の格差の是正、所得再分配、社会の安定などの目的を国民の連帯で達成しようとするものだからです。制度内部に不効率な部分や支えきれない給付があるのであれば、見直して「持続可能な安心できる」制度へとつくり変えていけばいいのです。有識者会議の提言にある①支え手を増やす、②高齢者も能力に応じ負担を分かち合う、③給付の見直しと効率化、を具体化し実行に移していけば社会保障制度は持続可能で安心できるものとなりうるのです。

自由の礎

社会保障の「未来」を考えるうえで考慮しなければならない重要なことは、「過去」です。年金のような長期保険が典型的ですが、長年の保険料納付の見返りとして受給権が与えられます。加入者は、老後の生活設計に暗黙のうちに年金からの受給を組み込んでいます。いわば、国民の期待権がそこにあるのです。制度の継続性への信頼が重要です。したがって、白紙に新しい絵を描くようにはいかないのです。

日本の社会保障は、社会保険方式を中心に発展してきました。保険料納付という自助努力と危険分散の相互扶助を組み込んだものです。今後とも、その不備をなおしつつ、制度内の効率性を高める政策努力で国民の信頼をつなぎとめることが可能です。いたずらに、年金崩壊など危機をあおりたてることがいちばん危険です。制度は与えられるものではなく、私たちがつくりあげるものなのです。

今日の先進諸国の社会保障諸制度も、百年以上の月日をかけて徐々に築きあげられてきたものです。市民や労働者の要求や運動、学者の知的貢献、政府や政治家の政策的努力などが組み合わされて形成されたものといえるでしょう。その背後には貧困から解放され、一人一人の能力が最大限に発揮される、より自由な社会を希求する人々の意思があったのです。私たち自身の手で二十一世紀にふさわしい「私たちの社会保障」をつくりあげていく努力をしていきましょう。

あとがき

筆者は常々、社会保障制度を支えている現役の勤労者が、社会保障制度への理解がたいへん少ないことを感じていました。自分たちが支える、自分たちのための制度にもかかわらず、です。小学校から大学まで、福祉系の学校を除いて、体系的に福祉や社会保障を学ぶ機会がないことが、その原因かもしれません。また社会保障のなかでも医療、年金、福祉と専門分野が分かれており、相互に密接に関連するにもかかわらず、現実には分野別に高い壁があります。

いくつかの高校に福祉科が設置され、大学や短期大学でも福祉系の学科を設置するところが増えてきました。喜ばしいことです。今後は、一般の中学、高校、大学などにも福祉や社会保障の授業や講座が増えていくことが期待されています。

社会人になってから、いざ、福祉や社会保障を勉強しようとすると、すぐに実務的な本に手がいきがちです。もちろん、そのような勉強も必要ですが、制度の細部に入る前に、社会保障の全体像や沿革や課題についての知識を得ることが重要ではないか、そのような問題意識から本書の執筆を進めました。本書全体を通じて「森を見て木を見る」姿勢で記述し、社会保障の全体像がつかめるよう心がけました。本書を読んで社会保障や福祉への関心を抱いた人は、より専門的な本や実務的な本に歩を進めて下さい。財政や税制、経済や産業とも深く関係し、なによりも私たちの生活に密接に関係しています。広く深い世界がそこにはあるでしょう。

高齢・少子化が急速に進行しており、誰もが社会保障や福祉のサービスを必要とする時代になっています。サービスや給付を受けていなくても、保険料や税金を支払うことで制度を支えています。社会保障制度は曲がり角にあると言われています。なにしろ、社会保障制度全体は金額的にも制度的にも巨大です。その全体像を正確に把握することは、なかなか困難ですが、多くの人が社会保障制度と抱えている課題について理解を深めることは、変革期にあるだけに重要さを増しているように思います。これからの改革は、経済の低成長と財政の制約下で高齢・少子化に伴う負担の分かち合いになるからです。改革を進めるには対話と説得が重要になります。対話や説得の前提は制度に対する理解です。この本が、その一素材になれば幸いです。

梅澤昇平（尚美学園大学教授）、及川敏章、岩佐充則、渡辺卓也の各氏に原稿に眼を通してもらい、より良い内容とするための貴重な御意見をいただきました。

最後に、筆者の原稿に眼を止めて、出版までの様々な助言をいただいた現代新書出版部の岡本浩睦氏に感謝申し上げます。

二〇〇一年九月

竹本　善次

主要参考文献

本書の記述にあたって、左記の著書に多くの示唆を受けました。記して著者に感謝いたします。

有岡二郎『戦後医療の五十年』（日本医事新報社、一九九七年）
池上直己・J・C・キャンベル『日本の医療』（中央公論社、一九九六年）
池田篤彦編『図説　日本の税制』（財経詳報社、二〇〇〇年）
石弘光『国の借金』（講談社、一九九七年）
猪木武徳『デモクラシーと市場の論理』（東洋経済新報社、一九九七年）
牛嶋正『目的税』（東洋経済新報社、二〇〇〇年）
梅澤昇平『現代福祉政策の形成過程』（中央法規出版、一九九八年）
太田哲二・竹本善次『介護保険の上手な利用法』（中央経済社、一九九九年）
岡本祐三『高齢者医療と福祉』（岩波書店、一九九六年）
荻島国男・小山秀夫・山崎泰彦『年金・医療・福祉政策論』（社会保険新報社、一九九二年）
京極高宣『現代福祉学の構図』（中央法規出版、一九九〇年）
京極高宣『福祉の経済思想』（ミネルヴァ書房、一九九五年）
京極高宣『介護保険の戦略』（中央法規出版、一九九七年）
久野万太郎『年金の常識』（講談社、一九九六年）
厚生省年金局編『二十一世紀の年金を「選択」する』（ぎょうせい、一九九八年）
地主重美・堀　勝洋編『社会保障読本（第二版）』（東洋経済新報社、一九九八年）
社会保険手帖編集部編『社会保険手帖平成十三年版』（厚生出版社、二〇〇一年）

社会保障研究所編『社会保障論の新潮流』（有斐閣、一九九五年）
社会保障研究所編『社会保障の財源政策』（東京大学出版会、一九九四年）
新藤宗幸『福祉行政と官僚制』（岩波書店、一九九六年）
隅谷三喜男編『社会保障の新しい理論を求めて』（東京大学出版会、一九九一年）
総理府社会保障制度審議会事務局監修『安心して暮らせる二十一世紀の社会を目指して』（法研、一九九五年）
高山憲之『年金改革の構想』（日本経済新聞社、一九九二年）
高山憲之『年金の教室』（ＰＨＰ研究所、二〇〇〇年）
田近栄治・金子能宏・林文子『年金の経済分析』（東洋経済新報社、一九九七年）
田多英範『現代日本社会保障論』（光生館、一九九七年）
西村周三『医療と福祉の経済システム』（筑摩書房、一九九七年）
日本経済新聞社編『病める医療』（日本経済新聞社、一九九七年）
日本経済新聞社編『年金の誤算』（日本経済新聞社、一九九六年）
年金科学研究会編『社会保険の構造改革』（ぎょうせい、一九九九年）
年金科学研究会編『年金は世紀を越えられるか』（ぎょうせい、二〇〇〇年）
野尻栄典『年金制度の基礎知識』（大蔵財務協会、一九九八年）
野村総合研究所資本市場調査部編『よくわかる日本の年金』（東洋経済新報社、一九九七年）
広井良典『医療保険改革の構想』（日本経済新聞社、一九九七年）
広井良典『日本の社会保障』（岩波書店、一九九九年）
藤澤益夫『社会保障の発展構造』（慶應義塾大学出版会、一九九七年）
藤井良治『社会保障の現代的課題』（光生館、一九九四年）
船後正道監修『企業年金改革』（東洋経済新報社、一九九七年）

古川孝順『社会福祉のパラダイム転換』（有斐閣、一九九七年）
保阪正康『日本の医療』（講談社、一九九四年）
堀勝洋『社会保障法総論』（東京大学出版会、一九九五年）
堀勝洋『年金制度の再構築』（東洋経済新報社、一九九七年）
堀勝洋『現代社会保障・社会福祉の基本問題』（ミネルヴァ書房、一九九七年）
丸尾直美『総合政策論』（有斐閣、一九九三年）
丸尾直美『市場指向の福祉改革』（日本経済新聞社、一九九六年）
三浦文夫『増補改訂　社会福祉政策研究』（全国社会福祉協議会、一九九五年）
三浦文夫編『福祉サービスの基礎知識』（自由国民社、一九九七年）
水野肇『社会保障のグランド・デザイン』（紀伊國屋書店、二〇〇〇年）
宮沢健一『高齢化産業社会の構図』（有斐閣、一九九二年）
村上清『年金の知識』（日本経済新聞社、一九九〇年）
村上清『年金制度の選択』（東洋経済新報社、一九九八年）
村上雅子『社会保障の経済学』（東洋経済新報社、一九九〇年）
八代尚宏『少子・高齢化の経済学』（東洋経済新報社、一九九九年）
山井和則・斉藤弥生『体験ルポ　日本の高齢者福祉』（岩波書店、一九九四年）
吉田和男『行革と規制緩和の経済学』（講談社、一九九五年）
渡辺俊介『年金と社会保障の話』（新潮社、一九九〇年）

その他、毎年発行されている『厚生白書』（厚生省）、『保険と年金の動向』、『国民の福祉の動向』、『国民衛生の動向』（厚生統計協会）、『社会保障年鑑』（健康保険組合連合会）を参照しました。

講談社現代新書　1571

社会保障《しゃかいほしょう》入門《にゅうもん》　何《なに》が変《か》わったか　これからどうなるか

二〇〇一年一〇月二〇日第一刷発行

著者――竹本善次《たけもとぜんじ》　

発行者――野間佐和子　発行所――株式会社講談社
東京都文京区音羽二丁目一二―二一　郵便番号一一二―八〇〇一
電話（出版部）〇三―五三九五―三五二一　（販売部）〇三―五三九五―五八一七　（業務部）〇三―五三九五―三六一五

装幀者――杉浦康平＋佐藤篤司

印刷所――凸版印刷株式会社　製本所――株式会社大進堂

（定価はカバーに表示してあります）Printed in Japan

N.D.C.364　248p　18cm
ISBN4-06-149571-2　（現新）

「講談社現代新書」の刊行にあたって

教養は万人が身をもって養い創造すべきものであって、一部の専門家の占有物として、ただ一方的に人々の手もとに配布され伝達されうるものではありません。

しかし、不幸にしてわが国の現状では、教養の重要な養いとなるべき書物は、ほとんど講壇からの天下りや単なる解説に終始し、知識技術を真剣に希求する青少年・学生・一般民衆の根本的な疑問や興味は、けっして十分に答えられ、解きほぐされ、手引きされることがありません。万人の内奥から発した真正の教養への芽ばえが、こうして放置され、むなしく滅びさる運命にゆだねられているのです。

このことは、中・高校だけで教育をおわる人々の成長をはばんでいるだけでなく、大学に進んだり、インテリと目されたりする人々の精神力の健康さえもむしばみ、わが国の文化の実質をまことに脆弱なものにしています。単なる博識以上の根強い思索力・判断力、および確かな技術にささえられた教養を必要とする日本の将来にとって、これは真剣に憂慮されなければならない事態であるといわなければなりません。

わたしたちの「講談社現代新書」は、この事態の克服を意図して計画されたものです。これによってわたしたちは、講壇からの天下りでもなく、単なる解説書でもない、もっぱら万人の魂に生ずる初発的かつ根本的な問題をとらえ、掘り起こし、手引きし、しかも最新の知識への展望を万人に確立させる書物を、新しく世の中に送り出したいと念願しています。

わたしたちは、創業以来民衆を対象とする啓蒙の仕事に専心してきた講談社にとって、これこそもっともふさわしい課題であり、伝統ある出版社としての義務でもあると考えているのです。

一九六四年四月　野間省一

哲学・思想

66 哲学のすすめ——岩崎武雄
148 新・哲学入門——山崎正一 市川浩
159 弁証法はどういう科学か——三浦つとむ
168 実存主義入門——茅野良男
176 ヨーロッパの個人主義——西尾幹二
285 正しく考えるために——岩崎武雄
501 ニーチェとの対話——西尾幹二
871 言葉と無意識——丸山圭三郎
898 はじめての構造主義——橋爪大三郎
916 哲学入門一歩前——廣松渉
977 哲学の歴史——新田義弘
989 ミシェル・フーコー——内田隆三
1001 今こそマルクスを読み返す——廣松渉
1002 言葉・狂気・エロス——丸山圭三郎
1007 日本の風景・西欧の景観——オギュスタン・ベルク 篠田勝英訳
1088 ヨーロッパ「近代」の終焉——山本雅男
1123 はじめてのインド哲学——立川武蔵
1210 イスラームとは何か——小杉泰
1247 メタファー思考——瀬戸賢一
1248 20世紀言語学入門——加賀野井秀一
1286 哲学の謎——野矢茂樹
1293 「時間」を哲学する——中島義道
1301 〈子ども〉のための哲学——永井均
1315 じぶん・この不思議な存在——鷲田清一
1325 デカルト＝哲学のすすめ——小泉義之
1357 新しいヘーゲル——長谷川宏
1358 「教養」とは何か——阿部謹也
1380 小説・倫理学講義——笹澤豊
1383 カントの人間学——中島義道
1400 われわれはどんな時代を生きているか——蓮實重彦 山内昌之
1401 これがニーチェだ——永井均
1406 哲学の最前線——冨田恭彦
1420 無限論の教室——野矢茂樹
1458 シュタイナー入門——西平直
1466 ゲーデルの哲学——高橋昌一郎
1504 ドゥルーズの哲学——小泉義之
1525 考える脳・考えない脳——信原幸弘
1542 自由はどこまで可能か——森村進
1544 倫理という力——前田英樹

★

13 論語——貝塚茂樹
207 「無」の思想——森三樹三郎
756 「論語」を読む——加地伸行
761 「三国志」の知恵——狩野直禎
846 老荘を読む——蜂屋邦夫
997 空と無我——定方晟
1056 「気」の不思議——池上正治
1126 「気」で観る人体——池上正治
1139 酒池肉林——井波律子
1163 「孫子」を読む——浅野裕一
1303 輪廻転生を考える——渡辺恒夫
1382 新しい福沢諭吉——坂本多加雄
1430 韓国は一個の哲学である——小倉紀藏
1534 天皇と日本の近代（上）——八木公生
1535 天皇と日本の近代（下）——八木公生
1536 韓国人のしくみ——小倉紀藏

★

225 現代哲学事典——山崎正一 市川浩編
921 現代思想を読む事典——今村仁司編

A

宗教

27 禅のすすめ——佐藤幸治
135 日蓮——久保田正文
217 道元入門——秋月龍珉
238 現代人のための仏教——平川彰
251 親鸞入門——早島鏡正
330 須弥山と極楽——定方晟
606 「般若心経」を読む——紀野一義
657 「法華経」を読む——紀野一義
926 密教——頼富本宏
953 輪廻と解脱——花山勝友
1254 日本仏教の思想——立川武蔵
1292 日光東照宮の謎——高藤晴俊
1326 観音・地蔵・不動——速水侑

★

34 教養としてのキリスト教——村松剛
173 キリスト教の人生論——桑田秀延
279 愛すること信ずること——三浦綾子
448 聖書の起源——山形孝夫
503 生きることと愛することと——W・エヴァレット 菅沼りよ訳
667 生命あるすべてのものに——マザー・テレサ
777 孤独を生きぬく——イシドロ・リバス
828 聖書は何を語っているか——P・ミルワード 永井晃子訳
880 聖書の名句・名言——千代崎秀雄
1124 自己愛と献身——J・ガラルダ
1222 キリスト教文化の常識——石黒マリーローズ
1272 アガペーの愛・エロスの愛——J・ガラルダ
1386 キリスト教英語の常識——石黒マリーローズ
1392 〈神〉の証明——落合仁司
1434 「黙示録」を読みとく——森秀樹

★

1545 「聖書」名表現の常識——石黒マリーローズ
664 日本の神々——平野仁啓
698 神と仏——山折哲雄
1469 ヒンドゥー教——K・M・セーン 中川正生訳

社会

702 タバコ――宮城音弥
787 ことばを失った若者たち――桜井哲夫
1041 マフィア その神話と現実――竹山博英
1155 看護婦の現場から――向井承子
1201 情報操作のトリック――川上和久
1236 高齢社会・何がどう変わるか――金子勇
1296 どこでどう老いるか――木村栄
1338 〈非婚〉のすすめ――森永卓郎
1352 テレビCMを読み解く――内田隆三
1365 犯罪学入門――鮎川潤
1374 ファッションの技法――山田登世子
1384 マンガと「戦争」――夏目房之介
1403 〈自己責任〉とは何か――桜井哲夫
1443 チームの研究――竹内靖雄
1447 「転職」のすすめ――渡辺深
1472 電脳遊戯の少年少女たち――西村清和
1474 少年法を問い直す――黒沼克史
1477 情報イノベーター――川上和久 電通メディア社会プロジェクト
1479 消えゆく森の再生学――大塚啓二郎
1484 介護保険・何がどう変わるか――春山満
1491 テレビ・ドキュメンタリーの現場から――渡辺みどり
1509 交渉力――中嶋洋介
1540 戦争を記憶する――藤原帰一

★

590 家族関係を考える――河合隼雄
1349 〈性〉のミステリー――伏見憲明
1482 「家族」と「幸福」の戦後史――三浦展

経済・経営

350 経済学はむずかしくない 第2版——都留重人
1028 日本の企業発展史——下川浩一
1146 レギュラシオン理論——山田鋭夫
1150 「欲望」と資本主義——佐伯啓思
1221 日本的市場経済システム——鶴光太郎
1229 税金の論理——石弘光
1302 ケインズを学ぶ——根井雅弘
1339 国の借金——石弘光
1362 金融ビッグバン——向壽一
1388 株式会社とは何か——友岡賛
1397 金融不安——及能正男
1409 為替市場の読み方——佐中明雄
1426 デジタル産業革命——山根一眞
1431 バブルとデフレ——森永卓郎
1451 21世紀の経済学——根井雅弘
1475 メディア資本主義——高橋文利
1489 リストラと能力主義——森永卓郎
1496 銀行革命・勝ち残るのは誰か——小原由紀子
★1507 eビジネスに強くなる——島田隆 安藤佳則
1438 シティバンクとメリルリンチ——財部誠一
1445 ユーロ経済を読む——新田俊三
★890 企業のパラダイム変革——加護野忠男
1065 MBA——和田充夫

世界史

日本史

265 日本人はどこから来たか——樋口隆康
429 近代の潮流——飛鳥井雅道
444 出雲神話——松前健
1092 三くだり半と縁切寺——高木侃
1158 「反日感情」韓国朝鮮人と日本人——高崎宗司
1208 王朝貴族物語——山口博
1239 武士道とエロス——氏家幹人
1265 七三一部隊——常石敬一
1294 女人政治の中世——田端泰子
1322 藤原氏千年——朧谷寿
1377 開かれた鎖国——片桐一男
1379 白村江——遠山美都男
1394 参勤交代——山本博文
1414 謎とき日本近現代史——野島博之
1424 平家物語の女たち——細川涼一
1432 江戸の性風俗——氏家幹人
1436 古事記と日本書紀——神野志隆光
1457 室町お坊さん物語——田中貴子
1461 日本海海戦の真実——野村實
1481 日本の〈地霊〉——鈴木博之

★1541 サラリーマン武士道——山本博文 黒鉄ヒロシ絵

〈新書江戸時代〉全5巻
1257 将軍と側用人の政治——大石慎三郎
1258 身分差別社会の真実——大石慎三郎 斎藤洋一
1259 貧農史観を見直す——大石慎三郎 佐藤常雄
1260 〝鎖国〟ゆるやかな情報革命——大石慎三郎 市村佑一
1261 流通列島の誕生——大石慎三郎 林玲子